나는 유학으로
더 넓은
세상을 만났다

나는 유학으로
더 넓은 세상을 만났다

초 판 1쇄 2021년 08월 26일

지은이 김은서
펴낸이 류종렬

펴낸곳 미다스북스
총괄실장 명상완
책임편집 이다경
책임진행 김가영, 신은서, 임종익

등록 2001년 3월 21일 제2001-000040호
주소 서울시 마포구 양화로 133 서교타워 711호
전화 02) 322-7802~3
팩스 02) 6007-1845
블로그 http://blog.naver.com/midasbooks
전자주소 midasbooks@hanmail.net
페이스북 https://www.facebook.com/midasbooks425

© 김은서, 미다스북스 2021, *Printed in Korea.*

ISBN 978-89-6637-936-1 03190

값 **15,000원**

미다스북스는 다음세대에게 필요한 지혜와 교양을 생각합니다.

나는 유학으로 더 넓은 세상을 만났다

前 유학원 직원

유학 경험자의

유학 준비 & 실전 팁

김은서 지음

나의 첫 번째 독립은 해외였다!
두려움을 즐거움으로 바꾼 생생한 사계절의 일기

미다스북스

나의 이야기들이 **누군가**에게 **힘**이 될 수 있기를!

    나는 아직 나에게 가장 잘 어울리는 모습을 찾아가는 중이다. 20대 중반, 아직 너무 어린 나이일 수도 있다. 물론 나 또한 지금 내 나이가 많다, 늦었다는 생각은 전혀 하지 않는다. 다만 20대의 반을 넘어가고 있는 지금의 나는 아직 모르는 게 너무 많고 이게 맞는·건가 하는 생각이 들 뿐이다. 내가 막 스무 살이 되었을 때 스물여섯 살은 세상을 다 알고 있는 어른이라고 생각했다. 스물여섯 살이 되면 세상을 다 이해하고 뭔가 그럴듯한 결과를 이미 만들어냈을 줄 알았다. 하지만 스물여섯 살의 지금 나는 여전히 신문의 경제면은 어렵고, 경조사에 가는 것에 익숙하지 않으며, 특히 '~씨'와 같은 공적인 호칭은 너무 어색하다. 나는 그저 아직도 친구들과 낙엽 굴러가는 것만으로도 깔깔대며 웃기 바쁜 사람이다. 아직도 유치하게 투닥거리며 장난치고 싶은데 언제 어른이 될까 싶기도 하다.

그런 나에게 내가 내 이야기로 책을 쓴다는 일은 너무 설레지만 부담스러운 일이 분명했다. 나는 작가라는 직업을 생각하면 분위기 있는 카페에서 열심히 노트북을 두드리는 모습이 떠오른다. 한 문장, 한 문장에 자신의 경험을 담아 용기와 희망의 말들을 전해주는 것, 그것이 내가 생각하는 작가의 모습이다. 내가 그런 작가가 된다니, 아직 어울리지 않는다고 생각했다. 하지만 나는 내 이야기를 담아내고 싶다는 마음이 항상 있었다. 나는 하고 싶은 것은 꼭 하고 살아야 하는 사람이다. 하지만 그게 지금 당장일 거라고는 생각을 못 했다.

지금 나는 내가 원하고 꿈꾸는 것에 대한 열망이 가득하다. 그리고 나는 그런 열망을 가질 수 있게 도와주신 분을 통해 책 쓰기를 제안받았다. 나 혼자였다면 분명 나는 지금 책을 쓸 수 없었을 것이다. 나는 올해 책 쓰기의 모든 것을 전달받을 수 있는 인연을 만나고, 책을 쓰는 것과 더불어 내가 꿈꾸는 것들을 이뤄낼 수 있다는 용기와 확신을 얻었다. 가장 빠르고 정확하게 배우고 실천할 수 있음에 감사할 따름이다. 나는 책을 통해 나의 삶에 대한 확신을 더 많이 얻고 있고, 계속해서 그 확신을 향해 나아가고 있다. 그리고 그 시작은 뭐라 해도 유학으로부터였다고 말할 수 있다. 그래서 나는 이 책을 통해 내가 유학을 통해 느꼈던 것들을 애기하고 나누고 싶다. 내 얘기를 이렇게 자세히 한다는 게 아직은 어색하다. 하지만 나의 가장 즐거웠던, 그리고 가장 보람찬 시간이었기에 쑥스럽지만, 이야기를 담았다.

나를 돌아보면 책 속의 내용에서 나와 공감된 상황을 마주했을 때 참 많은 용기와 위로를 받았던 것 같다. 이 책을 쓰는 가장 큰 이유는 그처럼 나의 소소한 이야기들이 누군가에게 조금이나마 힘이 될 수 있지 않을까 하는 기대감이 있었기 때문이다. 첫 책이라는 특별함이 있고, 내 가장 특별한 경험들을 담아 더욱더 소중한 이 책이 나와 같은 고민을 하고 어려움을 겪었던 사람들에게 알려져서 도움을 줄 수 있기를 희망한다.

목차

2장 떠나고 배우고 실천해라

3장 유학은 종합선물세트이다

4장 내가 중국과 필리핀에서 깨달은 8가지

5장 나는 **유학**으로 **더 넓은 세상**을 만났다

1장

사람들은
왜 유학을
망설일까

01

누구나
처음은 늘 두렵다

    사람들은 왜 안정감을 추구할까? 수많은 사람이 지금의 내 위치, 내 환경에 만족하지 못한다. 계속해서 이 삶에서 벗어나고 싶어 한다. 나는 여기서 두 부류의 사람이 있다고 생각한다.

    변하고 싶지만, 안정감을 잃는 것이 두려워 계속해서 불평하며 그 삶을 살아가는 사람들. 그리고 안정감을 벗어나 도전하며 지금의 모습을 바꾸는 사람들. 안정감을 벗어나 두려움을 극복하는 것, 그것이 바로 변화의 첫걸음이다. 나는 다행히도 후자의 사람이다. 하지만 나에게도 맨 처음 내게 익숙한 생활을 뒤로하는 것, 새로운 환경을 찾아 떠난다는 것이 쉽지는 않은 일이었다.

　내 첫 번째 도전은 그저 부모님을 실망시키고 싶지 않은 착한 딸이 되기 위해서였고, 또 언어 전공자로서 압박감에 등 떠밀린 도전이었다. 그 도전은 바로 22세 때, 내 생애 첫 독립, 그리고 인생의 첫 홀로 비행 길인 중국 유학이었다. 나는 태어나서 자라며 고등학생이 되도록 한 동네를 벗어난 적이 없었다. 대학은 시를 이동해서 다녔지만, 여전히 집에서 통학했다. 나는 내 모든 인생을 한 곳에서만 보내왔다. 그뿐만 아니라 나는 유학을 떠나기 전 그 흔한 기숙사 생활도 해보지 않았다.

　나는 10년 넘게 산 너무나 익숙한 우리 집에서 가족들과만 지내왔다. 나는 내가 결국 돌아올 곳은 엄마와 아빠가 있는 이 집이라는 생각을 하고 살아왔다. 그런 내가 첫 독립을 아무 연고도 없는, 그것도 중국에서 하게 되었다. 그렇기 때문에 처음 유학에 대한 느낌은 두려움, 바로 그 자체였다. 내 가족, 그리고 내 친구들이 있는 익숙한 공간을 벗어난다는 것. 그 결정은 떠나기 바로 전날까지도 내게 많은 두려움을 주었다. 그러나 이 경험은 내 생각, 그리고 내 삶을 완전히 바꿔준 내 인생의 첫 도전이 되었다.

내 어린 시절을 떠올려보면 나는 누구보다 까불거리고 나서기 좋아하는 아이였다. 내 의견을 자유롭게 얘기하고 새로운 사람들을 만나는 것에 아무 거부감이 없는 아이였다. 그러나 어느 순간 커버린 나는 더는 적극적인 사람이 아니었다. 언젠가부터 나를 드러내기보단 의견을 받아들이는 것이 익숙해졌다. 나는 그저 '커가면서 성향이 바뀌는 것이구나.'라고 생각했다. '나는 앞으로도 계속 이렇게 살아가겠구나.'라는 생각을 무의식적으로 계속 뇌리에 심어오며 살았다.

그런 이유로, 나 자신 스스로는 유학이라는 기회를 생각해낼 수가 없었다. 만약 엄마가 먼저 유학을 적극적으로 제안해주지 않았다면 나는 내가 살던 곳을 벗어나지 못했을 것이다. 그저 불만족스러운 안정감만을 가지고 그 울타리 안에서만 생각하며 살았을 것이다.

이러한 나에게 처음 유학이라는 결정은 엄청난 스트레스였다. 출발 바로 전날까지도 인터넷의 모든 수많은 후기와 자료들을 찾아보며 스스로 다양한 걱정들을 만들어냈다. '처음 혼자서 가야 할 공항에서 제때 비행기를 못 타면 어쩌지?'와 같은 사소한 걱정부터 가족이 아닌 다른 사람이랑 지내야 한다는 것까지. 특히 익숙한 곳, 익숙한 사람들과 지내온 내가 아무도 나를 모르는 새로운 곳에서 사람들과 잘 어울릴 수 있을까 하는 걱정이 가장 컸다. 새로운 환경에서 먼저 나서서 분위기를 풀어주는 사람은 드물다. 하지만 그 당시 나는 특히나 낯가림이 심한 사람이었다. 새로운 사람들을 상대하는 것에 대해 많은 부담감을 가지고 있었다. 더군다나 내가 아는 사람이 아무도 없는 환경을 처음 겪어보는 것이라 더 많은 걱정을 했지 않았나 싶다. 말이 통하는 한국인들과도 교류하기 어려운데 말도 잘 통하지 않는 외국인들과 부딪혀야 한다니! 내가 과연 잘 어울려 지낼 수 있을까 하는 생각은 나를 두렵게 했다.

중국 유학을 떠나기 전까지 나는 전공 교수님 이외에 중국인이랑 대화해본 적이 없었다. 그러다 보니 그때만 해도 나는 어디 가서 중국어를 할 수 있다고 말할 수준이 아니었다. 따라서 과연 내가 중국에 가서 중국어로 사람들과 교류할 수 있을까 하는 걱정을 떨쳐 버릴 수가 없었다. 이러한 걱정들은 꼬리에 꼬리를 물고 끝없는 걱정을 낳았다.

그리고 나의 또 다른 걱정은 나 스스로 가지고 있던 중국이란 국가에 대한 편견들이었다. 나는 고등학교 교환학생 프로그램으로 3박 4일 중국 산둥성의 소도시를 다녀왔다. 중국 공항에 도착해 느낀 중국에 대한 나의 첫 느낌은 이국적인 향에 대한 낯섦이 가장 컸다. 물론 지금은 그 향에 빠져 살지만, 그 당시만 해도 나는 살면서 처음 맡아 본 이국적인 향에 큰 이질감을 느꼈다. 그래서일까 그런 이질감을 극복하지 못하면 어쩌지 하는 생각을 떨치기가 쉽지 않았다.

하지만 그제 와서 그만둔다고 말하기엔 나의 미리미리 준비해두는 습관 때문에 이미 모든 서류와 준비를 다 마쳐버린 상태였다. (준비하고 계획하는 것을 좋아하는 내 성격에 다시 한번 감사하는 부분이다.) 그래서 나는 내가 가진 중국에 대한 기억을 모두 끄집어내 마인드컨트롤을 하려고 노력했던 것 같다.

나는 고등학생 때 다녀온 교환학생 프로그램으로 중국 가정집에서 이틀 홈스테이를 했었다. 살면서 한국식 시설만 이용해봤던 나로서는 다른 나라의 집에 대한 기대가 있었다. 내가 보던 TV속 집은 언제나 화려했기 때문에, 다 그럴 줄 알았다. 하지만 내가 간 곳은, 가정집에서 재래식 화장실을 사용하는 한국에서는 다소 보기 힘든 그런 곳이었다. 이런 경험을 처음 접해본 나는 꽤 큰 충격을 받았다. (엄마는 아직도 그날 밤 국제전화를 걸어 울먹거리며 못 자겠다고 한 내 모습을 놀리곤 한다.)

그런 경계심 가득한 고등학생을 맞이한 중국 친구와 주인아주머니는 오히려 내게 먼저 다가와주셨다. 번역기를 사용해서 적은 어설픈 한국어로 "내일 아침 무엇을 먹을래요?"라는 쪽지를 전해주신 주인아주머니. 그리고 쉽게 잠을 못 자는 나를 위해 계속해서 불편한 것이 없는지 물어봐 준 내 담당 친구. 이런 선의에도 맛과 향에 익숙해지지 못해 잘 먹지 못하는 내가 신경 쓰이셨는지, 그 집을 떠나던 날 아주머니는 내게 다양한 과일을 전해주셨다. 그렇게 중국에서의 따뜻한 기억을 떠올리며, 다시 생활하게 될 중국에 대한 편견을 줄일 수 있었다.

그리고 다시 가게 된 중국은 그전과는 많이 달라져 있었다. 특히 내가 생활한 대련이라는 도시는 중국에서도 큰 도시이며 다양한 유학생들이 많이 거주하고 있었다. 따라서 첫 느낌이 한국과 크게 다르지 않았다. 또한 내가 다닌 학교는 한국 유학생이 많이 있는 학교여서인지 근처에서 한국 음식점도 쉽게 접할 수 있었다. 그러니 이국적인 향에 대한 어려움도 적었다.

결론적으로 내가 이전에 걱정한 모든 일은 아무것도 발생하지 않았다. 사람들은 가장 강력한 관성의 법칙을 가지고 있는 존재라고 한다. 자신의 모습이 변하려고 할 때 강력한 힘으로 원래의 자리로 끌어당긴다. 내가 두려워한 것은 결국 나의 변하지 않으려는 안정감일 뿐이었다는 것을 다시금 깨달았다. 나는 유학을 통해 내가 가진 중국에 대한 생각을 완전히 바꿀 수 있었다. 이로 인해 나는 지금 중국어를 사용하는 일을 할 정도로 중국어에 대한 자신감과 흥미를 느낄 수 있게 되었다.

처음은 누구에게나 어렵다는 것을 기억하자. 두려움은 부끄러운 것이 아니다. 일단 도전해보자. 도전해봐야 걱정을 완전히 바꿔줄 즐거운 기회들이 찾아온다. 원래 내 모습의 기준을 바꿀 기회를 잡아야 한다.

02

바뀌지 않으면
달라지는 것은 없다

나는 중국어 전공자이다. 나는 대학을 통해 처음 배우는 중국어에 흥미를 느끼고 중국에 관심을 두게 되었다. 하지만 나는 유학을 하러 갈 생각이 전혀 없었다. (유학이라는 단어 자체를 한 번도 생각해보지 않았다는 게 더 정확할 것 같다.) 당연히 남들처럼 한국에서 학원에 다니고 자격증을 따고 그렇게 공부해서 졸업하면 된다고 생각했다.

나에게 원래 휴학이란 계획은 전혀 없었고, 휴학을 유학으로 할 계획은 더더욱 없었다. 그런 내가 유학을 다녀오고 지금 이렇게 유학을 추천하는 사람이 된 것이 나도 참 신기하다.

맨 처음 유학을 생각하게 된 건, 교내 교환학생 프로그램을 통해서였다. 방학 기간을 통한 단기 교환학생 프로그램이었는데 나는 별생각 없이 안내문을 받아왔다. 그저 학과에서 안내해주니까 안내문을 자연스레 챙겼고 그것은 바로 내 가방 안에 들어갔다. 당시 막연하게 유학을 하면 내가 진짜 중국어로 대화할 수 있을까 하는 생각은 해봤지만 나는 유학에 대한 어떠한 생각도 없었다. 그날 저녁 아무 부담 없이 엄마에게 안내문을 보여줬다. 그저 나는 우리 학교도 이런 프로그램이 있다는 얘기를 전달하고 싶었을 뿐이었다. 그러나 엄마는 이것이 내게 온 우주의 힌트라는 것을 알았던 것 같다. 나중 얘기지만 엄마는 그때 내가 어릴 적 스치듯이 말한 여행사 가이드를 해보고 싶다는 이야기를 떠올렸다고 한다. 아마 나도 몰랐던 나의 해외 체질을 엄마는 직감으로 느끼고 있으셨던 듯하다.

엄마의 정보통은 빛보다 빠르다. 우주의 힌트를 받았지만 아무것도 눈치를 못 채고 있는 나를 대신해 엄마가 움직였다. 엄마는 바로 주변 정보통을 이용해 유학에 대한 정보를 얻기 시작했다. 제일 먼저 사촌 오빠에게 전화해 나의 상황을 전하고 엄마는 의견을 구했다. 나의 사촌 오빠는 중국에서 대학을 다니며 유학 생활을 했다. 아무래도 가까운 곳에 직접 경험을 해본 사람이 있어, 내가 유학을 하러 가는 것을 좀 더 쉽게 결정할 수 있게 힘을 실어 줬던 것 같다. 오빠에게서 유학을 통해 중국어를 현지에 가서 배우는 것을 추천한다고 하는 답변이 돌아왔다. 그러나 여기서 변수가 하나 더 생겼다. 내가 안내받은 학교 교환학생 프로그램은 두 달이었다. 오빠는 두 달은 너무 짧다고 갈 거면 최소 한 학기를 가라고 제안했다.

지금 유학을 다녀와 보니 나도 그 말에 적극적으로 동감한다. 유학생으로 공부하러 가는 것이 가장 큰 목적이라면 두 달은 적응 후 이제 본격적으로 무언가를 시작해보기 위한 시간이다.

실제로 나도 중국으로 유학을 간 후 처음 한 달 동안은 수업을 알아듣는 것조차 어려웠다. 나였어도 지금 유학을 하고자 하는 사람이 내게 의견을 물어본다면 두 달은 그냥 여행으로 다녀오라고 말하고 싶다. 하지만 그때, 나는 빨리 졸업을 하고 싶었다. 그리고 휴학이 아니면 그렇게 두 달 이상의 시간을 만들 수 없었다. "최소 한 학기? 지금 내 시간이 얼마나 낭비되는 거야!" 이러한 생각을 하는 그때는 사촌 오빠를 이해할 수 없었다. 당시 나는 다양한 경험과 기회를 새롭게 만들기보단, 지금의 익숙함과 안정감을 유지하고 싶어 했다.

그러나 엄마의 계속적인 권유에 나는 유학을 가면 뭐가 좋은지 알아보자는 심산으로 유학원을 찾아갔다. 그 당시 나는 중국 유학 경험이 있는 한국인 대학생 언니에게 중국어 과외를 받고 있었다. 언니 도움을 받아 처음에는 쉽게 정보를 얻어, 유학원 상담 예약을 잡았다. 가볍게 찾아간 상담이었지만 생각보다 체력적으로 힘든 일이었다. 나는 유학을 가겠다고 결정을 내린 뒤에 상담을 받으러 간 것이 아니었다. 사전 조사를 하지 않아 아는 것이 없는 데다 꼭 가야 한다는 간절함도 없었으니 더 힘들게 느껴졌다. 아무것도 모르는 채로 정보를 얻으러 왔는데, 대부분의 유학원이 그저 가격 비교만을 해줄 뿐이었다. 첫 번째 유학원 투어는 그렇게 유학에 대한 벽을 높여주는 결과만 주었을 뿐이었다. 그리고 두 번째 유학원 상담 때, 그래도 한번 해봤다고 간단한 질문거리를 챙겨서 다시 유학원 문을 두드렸다. 그렇게 몇 군데를 돌고 마지막으로 찾아간 한 곳에서 이전에 받지 못한 자세한 설명과 더불어 중국 유학 생활에 대한 흥미로운 이야기를 들을 수 있었다. 아마 이전에 제대로 된 답변 하나 못 받고 유학원을 열심히 돌아다녔던 게 너무 힘들어서였을까? 그 자리에서 들은 중국에 관한 얘기들은 더욱더 내게 크게 다가왔다.

나는 그 당시 외국인과 한 번도 교류해본 적이 없었다. 그래서인지 이상하게 외국인을 계속해서 동경해왔다. 외국어를 사용해 다양한 사람들과 소통하는 모습은 너무나도 멋져 보였고, 그저 외국인을 만날 수 있는 기회가 주어진다는 것 자체도 나에게는 해당이 없는 일이라고만 생각했었다. 그런데 유학을 통해서 다양한 나라의 친구들과 다 같이 중국어를 배울 뿐만 아니라, 다양한 교내 중국 문화 프로그램에도 참여할 수 있다니! 그 말은 내게 너무도 크게 다가왔다. 그리고 당시 과외 언니가 보여준 외국인 친구들과 함께 찍은 사진을 보며 대단하다고 생각했던 것이 떠올랐다. 내가 유학을 가면 그런 대단한 일을 할 수 있다는 기대감이 생기자 나는 유학에 대한 생각이 점차 바뀌게 되었다. 그 말은 작은 기대감에 불을 피웠고, 유학에 대해 긍정적인 마음이 커지자 나는 스스로 중국 도시와 학교들을 더 찾아보게 되었다. 그리고 나는 내가 직접 찾아보고 비교한 도시와 학교를 선택했다.

나는 내가 더 많이 알아보고 선택했기에 더 그 공간에 애정을 가질 수 있었다고 생각한다. 만약 이미 다 짜여 있어 내가 선택할 것이 없는 교내 프로그램으로 중국을 다녀왔다면, 분명 맘에 안 드는 점이 있을 때 탓하고 불평하기 바빴을 것이다. 하지만 하나부터 열까지 나의 선택으로 결정한 도전을 하고 온 나는 내 선택의 결과에 아쉬운 부분이 있더라도 내가 했으니 탓할 게 없다는 마음으로 지낼 수 있었다. 이러한 경험으로 나는 그토록 동경하던 외국인들과의 교류를 원 없이 즐겼고, 더 나아가 중국어, 그리고 중국을 사랑하는 지금의 내가 될 수 있었다. 그리고 무엇보다 안정감을 벗어나 새로운 기회를 만들어내는 것에 대한 즐거움을 아는 사람이 되었다. 나는 익숙해진, 그리고 안정적인 모습을 바꾸는 게 두려워 진짜 내 모습이 무엇인지도 모르고 지내왔다. 그저 나는 원래 이런 사람이었다고 나를 속일 뿐이었다. 그러나 지금 나는 내게 가장 잘 어울리는 길이라는 것을 알면 익숙함을 던지고 도전하러 떠날 수 있는 사람이되었다. 바뀌지 않으면 달라지는 것은 없다. 지금의 모습에 만족하지 못한다면 지금 당장 움직여라. 미뤄두거나 해보지 않은 일들을 시작해 해보는 것도 좋고, 지금 가장 익숙한 장소를 떠나보는 것도 좋다. 아주 작은 사소한 변화가 새로운 느낌과 세상을 가지고 올지는 아무도 모르는 것이다.

03

망설이는
시간이 아까운 이유

나는 고민을 길게 하는 사람이 아니다. 학창 시절 설문 조사를 할 때도 늘 일등으로 설문지를 제출했다. 또한, 무언가를 선택하고 결정할 때도 명확하고 빠르게 내 뜻을 정한다. 원체 성격이 급한 영향도 있는 것 같다. 고민할 시간에 일단 해보고 어떠한 결과라도 경험을 해보기. 그게 나의 방법이다. 물론 신중하지 못하다는 말을 들을 수 있지만 적어도 나에게는 최대한 빠른 정답을 찾아내기 위해 발로 뛰는 것이 가장 좋은 결과를 가져다주었다.

나는 유학을 결정하고 그다음 학기 바로 휴학을 신청했다. 물론 가기 전날까지도 수많은 걱정과 고민을 했다. 하지만 한 학기를 한국에서 보내낸다고 유학을 하기로 한 결정에 대해 확신을 얻는다는 보장은 없다. 내가 아는 나는 오히려 고민을 더 많이 만들어내 결국, 의지를 잃고 스트레스만 더 키울 것이다. 그래서 나는 망설이기보다는 일단 해보고 결정하기로 마음을 다잡았다. 그게 나의 실패를 줄이는 방법이라는 것을 나는 안다. 그리고 그 선택은 지금 나에게 가장 큰 깨달음을 주었다.

도전에는 나이가 없다고 한다. 텔레비전에서는 나이가 지긋한 분들이 새로운 도전을 하고 말씀하신다. "늦었다고 생각할 때가 가장 빠른 때다!" 나도 이분들의 도전이 얼마나 많은 용기와 힘이 필요한 것인지를 안다. 그래서 더 많은 용기를 가지고 한 도전에 존경을 표한다. 하지만 내가 본 몇 가지 사례를 통해 도전에는 나이가 없지만, 체력에는 나이가 있다는 것을 느꼈다.

나는 중국 유학과 필리핀 유학, 두 번 모두 50대 유학생분들과 지내본 경험이 있다. 도전을 통해 계속해서 자신을 발전시켜나가는 모습이 존경스러웠다. 중국에서 같은 반 학생으로 만난 50대 한국인 남성분은 수업에 누구보다 열심히 적극적으로 참여하시던 분이었다. 내가 다니던 학교는 대부분 과제나 공지들을 온라인으로 전달받았다. 내 또래의 유학생들은 오히려 이렇게 공지 받는 것이 더 편할 것이다. 하지만 그분은 핸드폰을 다루는 데 익숙하지 않으셔서 항상 내게 물어보시던 것이 기억난다. 그분은 항상 일찍 와서 수업을 준비하시던 분이셨다. 그러나, 어느 순간부터 오후 수업 시간에만 보이셨고 점점 모든 수업에서 보이지 않았다. 알고 보니 몸이 너무 안 좋아져서 수업을 잘 듣지 못하셨던 것이었다. 결국, 그분은 한 학기를 다 못 마치고 한국으로 먼저 돌아가시게 되었다. 아무래도 타지에서 다른 언어로 아침부터 수업을 들어야 했기 때문에 체력적으로 부담이 된 것이다. 떠나기 전 그분은 나에게 그동안 고마웠다며 가져오신 믹스커피를 챙겨주셨다. 그사이 많이 야윈 모습을 보면서 안타까웠던 기억이 난다.

그리고 나는 또 필리핀에서 50대 한국인 여성분과 룸메이트로 지내는 경험을 하게 되었다. 편하게 대하라고 먼저 친근하게 다가와주셨지만 아무래도 또래 친구들과 생활하는 것보다는 편하게 지내지 못하는 게 사실이었다. 더군다나 또 다른 룸메이트인 대만 친구와 아주머니의 한 차례 문화적 갈등으로 인한 다툼을 보았다. 이러한 상황들을 겪으면서 주로 20대, 30대의 학생들이 많은 유학 생활에서 50대 유학생이 맘 터놓고 의지할 사람을 만드는 것이 쉽지 않겠다는 것을 느꼈다. 나는 늦은 도전을 말리려고 이 말을 하는 게 아니다. 오히려, 나는 더 많은 것을 내려 두고 새로운 환경에 도전하신 그분들의 용기를 배워야 한다고 생각한다. 그러나 내가 이런 사례를 통해 전달하고자 하는 내용은, 지금 가장 건강하고 어디서나 적응하기 쉬운 시간을 망설이고 고민하는 데 낭비하지 말라는 것이다.

만약 내가 그 당시 망설이다 그때의 선택을 하지 못했다면 지금 나는 어떻게 살고 있을까 생각해봤다. 분명 지금처럼 다양한 경험을 가진 사람이 되지 못했을 것이다. 내 인생에서 너무 행복하고 자유로웠던 시간인 유학은 내게 많은 것을 제공했다. 누구보다 자유롭게 배우고 느끼고 성장할 수 있었다. 다양한 국적의 친구들과 어울리면서 중국어로 소통했던 그 순간의 기억들은 나에게 끝없는 원동력을 주고 있다. 아직도 친구들과 날 좋은 날 했던 산책과 같은 소소한 추억이 종종 생각난다. 그러한 추억들이 내게 중국에 대한 애정을 가질 수 있게 해주었고, 나는 중국어, 그리고 더 크게는 배움의 즐거움을 배웠다.

그리고 나는 이번에 책을 쓰면서 망설이는 시간이 아깝다는 말을 다시 한 번 경험했다. 나는 막연히 내 이야기에 관한 책을 쓰고 싶다는 생각을 늘 하고 있었다. 내 버킷리스트에는 계속해서 책 쓰기가 적혀 있었다. 그러나 지금 당장, 20대인 내가 책을 쓸 수 있을 거라고는 생각을 하지 못했다. 그러던 중 나는 내가 따르고 있는 분께 책 쓰기를 제안받았다. 너무 좋은 제안임을 알고 있었지만 당장 내가 흔쾌히 하겠다고 결정하기에는 부담되는 부분이 많았다. 책을 쓰기 위한 글쓰기 과정을 제안받았을 때 나는 이제 막 사회생활의 경험을 쌓아가고 있는 20대 중반이었다. 나는 회사를 다니고 있었고 평일에 수업을 듣기는 쉽지 않았다. 그뿐만 아니라 사회 초년생인 내가 부담하기에는 적지 않은 금액의 비용을 투자한다는 것이 쉽지는 않았다. 나에게 투자하는 일에 대해서는 부모님께 손을 빌리고 싶지 않았다. 나는 제안에 바로 응했지만, 이 선택에 대해 고민을 하고 또 고민했다.

결론부터 말하자면 일단 지르고 보니 해결 방법이 어떻게든 다 나타났다. 책 쓰기 과정은 매주 금요일 7시였고 내 퇴근 시간은 6시 반이었다. 하지만 당시 회사는 매주 금요일 출근 시간을 선택할 수 있었다. 그래서 나는 5시에 퇴근해 집에서 맘 편히 수업을 들을 수 있었다. 그리고 가장 큰 부담이었던 비용 문제도 생각보다 쉽게 해결할 수 있었다. 나는 이전

회사 출퇴근길이 너무 길어 독립을 준비했었고, 친오빠의 도움으로 보증금을 마련해 뒀었다. 하지만 글쓰기를 하고 있던 나는 이직을 했고, 당시 회사는 집에서 충분히 다닐 수 있는 거리였다. 그래서 친오빠의 허락을 받고 보증금 명목으로 빌린 돈을 강의 비용으로 해결할 수 있었다. 단순한 사치 소비로 쓰는 게 아니라면 자유롭게 써도 된다는 오빠의 말에 든든한 힘을 얻어 책 쓰기에 더 집중할 수 있었다. 이렇게 내가 걱정하고 고민했던 문제들은 막상 저지르고 나니 너무 쉽게 해결되었다.

  나는 고민이 더 길어졌다면 결국 유학도, 책 쓰기도 모두 경험을 할 수 없었을 것이라 생각한다. 당장 눈앞의 상황에 갇혀 머리 아프게 고민하다 지쳐 결국 포기했을 것이다. 그리고 내가 하지 못한 선택에 대한 미련을 가지고 한 번쯤은 후회했을 것이다. 그래서, 바로바로 행동으로 옮기는 힘을 가지고 있는 나에게 감사한다. 그리고 그렇게 얻은 경험들을 통해 생각에 따른 변화를 믿게 되었다. 나는 앞으로의 내 삶을 바꿀 수 있다고 확신한다. 그래서 나는 고민할 시간에 행동하라는 나의 믿음을 믿는다. 미래의 나는 더 많은 경험을 가지고 다양한 문제를 해결할 수 있다고 믿는다. 그리고 나는 이 책을 통해 낯가림도 심하고 새로운 환경을 두려워했던 나도 이렇게 즐기고 왔다는 것을 알렸다. 앞서도 계속 말하는 이 장의 메시지는 망설이며 걱정에 힘들어하는 시간이 너무 아깝다는 것이다. 그래서 이 책의 내용을 통해 도전에 관한 망설임을 줄이고 하고자 하는 결정에 힘을 보태줄 수 있기를 희망한다.

04

두려움을
즐거움으로 바꿔라

나는 앞에서 말했듯 유학을 결정한 후 바로 휴학계를 냈다. 그리고 열심히 발품을 팔아 내가 갈 지역과 학교를 선택했다. 유학을 가겠다는 결정을 확정 짓고 나니 다른 모든 일은 바로바로 진행되었다. 그렇게 나는 순식간에 모든 준비를 마칠 수 있었다. 하지만 여전히 마음속으로는 두려움을 완전히 떨쳐 버리기가 쉽지 않았다. 그럴 때마다 내가 가장 많이 한 생각은 '휴학도 했고, 돈도 다 냈고 이제 돌아갈 수 없어! 그냥 즐겨!'라는 생각이었다. 그냥 즐긴다. 이 말은 어떠한 사람에게는 아무 걱정 없이 주어진 환경을 받아들이고 익숙함을 즐기라는 것일 수도 있다. 하지만 내가 나에게 주문처럼 외친 즐기라는 말은 바로 내 목표를 향한 새로운 도전을 즐기기 위해 먼저 걱정을 덜자는 것이었다.

　나는 계산이 빠른 편이다. 수학을 잘하지는 못했지만 돈에 관한 계산이라면 말이 다르다. 누구보다 나의 이득과 손실에 관해서는 확실하게 파악할 수 있다. 모든 계약이 그렇듯 중도 해지는 큰 손해를 본다. 그러므로 지금 내가 결국 두려움에 유학을 포기하면, 많은 수수료를 내야 한다. 내 발품과 수많은 고민을 넘어 한 선택이 '뽕을 뽑지'도 못하고 사라진다면? (두려움을 넘어선 나의 근검 정신이 빛나는 순간이었다고 포장을 해보겠다.) 가지도 못한 곳에 대한 수수료를 내는 것은 나에게 용납할 수 없는 일이다. 또한, 나는 휴학계를 이미 접수했고, 지도 교수님과 면담도 마쳤다. 교수님께서 의례적으로 묻는 휴학 이유에 대해 나는 누구보다 멋지고 당당하게 꿈을 찾기 위한 유학이라고 답했다.

　나의 강경한 발언과 모습은 결정을 되돌리기에 적당한 이유를 찾기 어렵게 만들었다. 또한, 이미 너무 많은 사람에게 내 휴학을 알렸다. 다시 뒤집어진 내 상황을 사람들에게 설명하려니 앞이 까마득했다. 또다시 재빠른 계산이 이뤄졌다. 그리고 나는 이미 유학이라는 배를 탔다는 것을 다시금 깨달았다. 두렵지만 돌아갈 수 없다. 지금 이 배에서 내리면 내가 얻어 가는 것은 없다. 오히려 배를 여기까지 끌고 온 내 체력과 시간을 잃는 것이다. 그러니 나는 적어도 손익분기점을 지나기 전까지는 굳건히 내 선택을 따라가야 했다.

그렇게 나는 유학이라는 새로운 도전의 두려움을 넘어설 수 있는 명분들을 열심히 만들어냈다. 나는 유학을 떠나기 전 뒤늦은 사춘기를 겪고 있었던 것 같다. 진부한 소리로 들리겠지만, 나는 평범하고 따뜻한 가정에서 자랐다. 그리고 그 안에서 떠나본 적이 없었기에 나는 가족과 함께하는 게 늘 익숙했었다. 특히 나는 두 살 터울의 오빠와 사이가 좋았다. 나는 표현은 부족했지만 늘 오빠를 따랐고 많이 의지했다. 하지만 모두 성인으로서의 각자의 생활이 점차 중요해질 때쯤 나는 오빠와 다툼을 벌이게 되었다. 사소한 일이었지만 나는 그날 이후 완전히 오빠한테 마음을 닫아버렸다. 매일 같이 생활하는 사람을 미워하게 되니 집에 있는 시간이 불편해지는 건 당연했다. 지금와서 생각해보니 아마 이러한 마음들을 모아 두렵지만 유학을 떠나야 한다 스스로 주문을 걸었던 것 같다.

그렇게 쌓인 명분들을 가지고 떠난 출국 당일 나는 공항에서 눈물을 흘렸다. 부모님과 떨어지는 것에 대한 두려움과 애틋한 마음이었을까?

나도 잘 모르겠다. 그렇게 입국 수속장 안으로 들어가면서까지 나는 훌쩍였다. 그때 나는 모든 게 처음이었다. 결국 나는 처음으로 집을 떠났고, 처음으로 혼자 비행기를 탔다. 나는 이제 돌아갈 수 없었다. 내가 이제 유학 생활에서 처음 경험하게 될 다양한 것들을 더 이상 두려워만 하고 있을 수는 없었다. 내가 유학으로 꿈꾸는 모습들은 모두 내가 상상해 왔던 것들이었다. 외국인 친구 만들기, 외국어로 대화하기, 밤늦게까지 자유롭게 놀기. 이처럼 내가 꿈꾸는 모습에 더 집중하자는 생각이 들자 내가 열심히 마련해둔 명분들이 꽃을 피우며 자연스럽게 즐길 수 있는 상황을 만들어주었다. 그리고 느낀 '첫'이란 단어는 이전과 다르게 두려움이 아닌 특별함과 설렘을 주기 시작했다.

중국 유학은 보통 입학 수속을 밟는 것으로 시작된다. 수속 과정은 학교마다 다르겠지만, 그 당시 내 기억으로는 꽤 힘들었다. 제한된 시간 안에 수많은 과정을 챙겨야 하니 정신없이 하루를 보냈고 당연히 지칠 수밖에 없다. 이때 유학원을 통해서 오면 같이 온 사람들과 계속해서 같이 이동하게 된다. 따라서 먼저 유학생들과 친해질 기회가 생긴다. 아무래도 낯선 환경에서 처음으로 동질감을 느낄 수 있는 사람들이기 때문에 더 의지가 많이 된다.

나는 22살에 유학을 떠났다. 유학생 중에서는 어린 편이었다. 다른 분들은 이미 사회경험이나 유학 경험이 있는 분들이 대부분이었다. 그래서였을까. 막내였던 나는 언니 오빠들의 많은 예쁨과 챙김을 받았다. 나는 정말 운이 좋은 사람이다. 낯섦에 쭈뼛거리던 나에게 먼저 다가와 준 분들은 새로운 생활에서 누구보다 적극적인 분들이었고, 그 옆에 있으면서 나는 이곳에서 내가 어떤 식으로 행동해야 하는지를 빠르게 배울 수 있었다.

출국 후 본격적인 수업이 시작되기 전 유학생들은 수많은 교내 프로그램에 참여하게 된다. 입학식, 교내 탐방 등의 다양한 활동들을 통해 학기 시작 최소 약 5개월의 생활을 같이하게 되는 각국의 유학생들을 처음 만날 수 있었다. 출국 후 계속해서 이어지는 많은 일정에 지쳐가던 나였지만 내가 동경하던 각국의 외국인들이 바로 내 옆에 앉아 있는 그 상황은 모든 피로를 다 잊게 만들기에 충분했다. 힘든 것도 다 잊고 나는 그저 이 상황이 너무 신기하고 즐겁기만 할 뿐이었다.

나는 그 당시 간단한 내 자기소개는 할 수 있는 정도의 중국어 수준을 가지고 있었다. 지금 생각해보면 나도 정말 말도 안 되는 수준으로 대화를 했던 것 같은데 나와 말하는 수준이나 알아듣는 수준이 비슷한 외국인 유학생들끼리 모여 있으니 네 맘이 내 맘이라고 대화가 곧잘 이어졌다. 말도 안 되는 중국어로 내가 아무리 이상하게 말해도 찰떡같이 알아듣고 공감한다. 그러다 보니 오기 전 걱정했었던 소통에 관한 어려움을 까맣게 잊은 채 그 말도 안 되는 중국어로 나는 각국의 역사와 문화에 관해 토론까지 하면서 중국어에 대한 흥미를 가질 수 있게 되었다. 그리고 지금까지도 나는 너무 재밌고 즐겁게 중국어를 공부하고 있다.

두려움을 넘어야 즐거움을 만난다. 나는 유학을 통해 이 말을 절실히 경험했다. 경험을 해보기 전 유학은 나에게 강한 두려움이었다. 하지만 나는 결국, 두려움을 넘어 유학을 떠났다. 그리고 유학을 통해 너무나도 즐겁고 행복한 시간들을 보냈다. 그래서 나는 내가 하고자 하는 선택에 있어서 마주하는 두려움에 대한 가치를 믿는다.

나는 이 두려움을 넘어 즐거움을 누릴 수 있는 사람이라는 확신을 가질 수 있게 되었다. 그리고 그런 나는 특히나 새로운 것에 대한 두려움이 없다. 나는 내게 당장 해결하기 어려운 문제가 생기면 답을 구하러 떠날 것이다. 꼭 해외가 아니어도 좋다. 잠시 익숙한 곳에서 벗어나 나를 다시 돌아볼 수 있는 곳이면 좋다. 도피하는 게 아닌 그 문제를 다르게 보고 생각할 방안을 찾아 떠나는 것이다. 그래서 나는 새로운 곳에서 하는 새로운 도전이 늘 즐겁다.

05
___

걱정하는 일은
생각보다 많이 일어나지 않는다

모든 사람의 성격 그리고 생활 방식은 다르다. 그래서 아무리 다른 사람들의 경험담을 듣고 보아도 결국 내가 직접 하는 것과는 다르다. 즉 내가 직접 해보지 않고는 내가 어떠한 결과를 얻게 될지 아무도 알 수 없다는 것이다. 가장 쉽게 말을 하자면 나는 빵을 좋아한다. 중국 유학 당시 학교 앞 슈퍼에서 파는 빵이 너무 맛있어서 친구에게 사다 주었다. 하지만 친구에게 이 빵은 특별한 맛이 아니었다. 또한 내가 첫 유학으로 선택한 학교는 한국인이 많은 편이었다. 이 부분에 대해서 감수하고 학교를 선택했지만 한국인이 많은 것에 대해 걱정이 있었다. 유학을 알아보면서 한국인들이 너무 많아서 공부 환경에 만족하지 못했다는 의견이 많았기 때문이다. 하지만 막상 가서 생활해보니 나는 학교에 한국인들이 많아서 처음 중국 생활의 도움을 많이 얻을 수 있는 점이 좋았다. 이렇게 각각의 생각과 감정이 있는데, 어떻게 경험하고 느끼는 게 같을 수 있을까. 그래서 나는 내가 직접 해보지 않고 보고 들은 이야기만으로 판단해 정작 바라는 것을 포기하는 상황이 가장 아쉽다. 그래서 나는 더욱더 말하고 싶다. 나도 지금 유학을 추천하는 글을 쓰고 있지만, 모든 사람이 유학을 통해 나처럼 많은 생각의 변화가 있고 달라질 수 있는 것이 아니다. 같은 상황도 사람에 따라 다르게 받아들인다. 내가 가서 내가 좋아질 수 있도록 환경을 만드는 것은, 오롯이 내가 짊어져야 할 몫이다.

"상상하지 않으면 두려움이 생기지 않는다."라는 말이 있다. 어떤 영화에서 나온 대사였던 것 같은데 주인공이 위기의 순간에 저 대사를 외치고 행동하는 장면은 나에게 깊은 인상을 남겼다. 하지만 당시 영화에서 받은 감명과는 달리 유학을 떠나기 전 나는 나의 보이지 않는 미래에 대한 정말 수많은 상상을 멈출 수 없었다. 내가 떠나기 전 제일 많이 했던 걱정은 가서 사람들과 잘 어울리지 못하면 어쩌지 하는 것이었다. 더불어 빨리 졸업을 하고 싶었던 나였기에, 1년의 휴학을 결정하면서 아무것도 얻는 게 없이 돌아가면 어떡하지 하는 걱정을 도저히 떨쳐버릴 수 없었다. 나는 유학을 준비하면서 많은 후기를 찾아보게 되었다. 물론 좋은 후기들도 많았지만 1년 유학만으로는 언어 실력을 늘릴 수 없다는 부분부터, 유학에서 적응하지 못하고 힘들게 지내기만 하고 왔다는 후기도 당연히 있었다. 그런 글들을 보면서 나는 타지에서 외롭게 지내는 모습을 나도 모르게 상상하고 있었다. 그렇게 가기 전까지 걱정을 멈출 수 없던 나였다.

그러나 나는 첫 유학 3일 차 만에 미국 친구의 저녁 파티에 초대를 받으며 내 걱정과는 완전히 다른 유학 생활을 하고 있었다. 유학원을 통해 유학을 가면 개강 전 어느 정도의 여유시간을 가지고 출국을 하게 되는데 나는 그 시간을 잘 활용해 다양한 친구들과 많은 시간을 보냈다. 그 시작은 같은 유학원을 통해 친해진 영어를 잘하는 언니로부터였다. 그 언니로부터 알게 된 미국 유학생 친구 마이클은 이 학교의 마당발이었다. 노는 것도 좋아하고, 무엇보다 행동력이 정말 강한 친구였다. 언니의 소개로 나와 다른 한국인 친구들은 마이클과 저녁을 먹게 되었다. 그렇게 친해진 우리에게 마이클이 먼저 그 주 토요일에 자신이 주최한 파티에 와서 같이 놀자고 제안을 했다. 만약 나 혼자 제의를 받은 거였다면 당연히 망설였을 것이다. 하지만 친구들이 모두 같이 간다고 하니, 안 갈 이유가 없었다. 아마 그 토요일 우리가 어디를 가서, 어떻게 놀게 될지 아무도 상상하지 못했을 것이다.

　토요일 약속 시각, 약속 장소에서 만난 우리는 놀라지 않을 수 없었다. 약속 장소에는 대형 버스가 있었고 그 주위에는 각국의 친구들이 익숙하게 인사를 나누고 있었다. 한국인은 아마 우리밖에 없는 것처럼 보였다. 난 그때 '아, 외국인들은 원래 다 이렇게 노는 것이구나.'라는 생각을 했다. 나도 중국에서는 외국인이다. 하지만 나는 아직 한국에서의 삶에 기준이 맞춰져 있었고, 당연히 한국에서의 내가 생각한 "놀자!"의 기준을 생각하고 있었다. 하지만 놀기 좋아하는 미국인의 스케일은 내 상상 이상이었다. 쭈뼛쭈뼛 친구들과 버스를 타고 그렇게 어딘가에 도착했다. 우리가 도착한 곳은 중국의 KTV(술과 음식을 먹을 수 있는 큰 공간의 노래방)이었다. 술과 노래가 있는 파티라니 어떻게 신이 안 날 수가 있을까! 어색해하는 것도 잠시였고, 나는 점차 분위기에 이끌려 이 상황을 즐기기 시작했다. 나는 같이 온 친구들과 다 같이 앉아 있었기 때문에 당연히 한국어도 쓰고 있었다. 한국어로 대화하는 것을 들어서인지는 모르지만 거기 있던 한 사람이 "한국인이세요?"라고 물어왔다. 아마 버스에서 잠시 마주쳤던 기억이 있는 사람이었다. 동양적인 외모를 가진 사람이라저 사람도 한국인인가 하고 나 혼자 생각했었다. 나는 그때까지 한국어를 하는 외국인을 만나본 적이 없었다. 그래서 한국어로 물어보니 나는 당연히 그 사람도 '한국인인가 보다.'라고 생각했다. 나는 되물었다. "어! 한국인이세요?!!" 그러나 나에게 말을 걸어준 그 사람은 내가 간 학교의 석사생인 중국인 학생이었다.

그분의 이름은 정책이었다. 한국어의 '~정책' 할 때의 정책. 정책이는 한국을 좋아해 취미로 한국어를 독학해서 배웠다고 한다. 하지만 내가 몇 번이고 진짜 한국인 아니냐는 질문을 할 정도로 발음도 물론이고 생김새도 한국인 같았다. 3일 동안 한국어보다 중국어를 더 많이 들은 나였기 때문에, 나는 한국어를 하는 외국인이 신기하기도 하고 너무 반가웠다. 나는 그렇게 정책이를 알게 되었다.

그다음 주부터 본격적인 수업이 시작되었다. 처음 중국어로 듣게 된 수업은 '정말 내가 중국어를 하나도 알지 못하는구나.'라는 사실을 뼈저리게 느끼게 해주었다. 잠깐잠깐 중국어로 대화할 때는 이렇게 어렵지 않았는데, 모든 수업이 중국어로 이뤄지자 나는 수업의 80% 이상을 알아듣지 못했다. 정말로 종일 그냥 열심히 듣기만 한 첫 수업이 끝나고 나는 절망에 빠졌다. 어떻게 해야 중국어 수준을 더 빨리 올릴 수 있을까에 대한 고민을 했고, 당시 숙제를 안내받고도 정확히 어디가 숙제인지도 모르는 나를 바로 옆에서 도와줄 사람이 절실히 필요하다고 느꼈다. 그리고 한국어를 잘하는 중국인인 정책이는 그 당시 나한테 제일 필요한 사람이었다. 그래서 나는 정책이를 용기 내어 먼저 찾았다.

나는 첫 유학에서 먼저 다가와 준 친구들을 바로 만나 파티도 즐기며 첫 주를 재밌게 지내고 있었지만, 그 당시까지도 분명 먼저 다가가는 사람은 아니었다. 더군다나 정책이가 한국어를 할 줄 안다 해도 당시 내 중국어는 엉망이었기 때문에 둘이서 대화를 한다는 것에 대한 부담감이 있었다. 친구들이랑 다 같이 있을 때는 내가 못 알아들어도 친구가 알아들을 수도 있으니 걱정이 덜했는데, 혼자서 외국인이랑 대화하는 것은 아직 부담스러웠다. 하지만 나는 많은 두려움을 이겨내고 온 이 기회를 누구보다 소중히 활용하고 싶었다. 그래서 내가 먼저 정책이에게 연락해 중국어를 도와줄 수 있냐고 물었고 정말 고맙게도 정책이는 중국어도 그렇고 생활 방면에서 내가 더 빨리 적응할 수 있게 도와주었다. 그러다 보니 거의 매일 같이 만나서 놀게 된 것 같다. 그렇게 나는 자연스럽게 정책이랑 만나게 되었다. 새로운 환경에 적응하는 것에 대해 그렇게 두려워했던 내가 이렇게 빨리 적응하고 즐기고 연애까지 하고 있다니! 엄마는 내가 너무 빨리 잘 적응해서 오히려 얄밉다고 할 정도로 나는 유학을 통해 너무나도 즐거운 생활을 보내고 있었다.

물론 당연히 유학하면서 힘들었던 부분이 있었지만 내가 상상하고 걱정했던 그런 부분이 아니었다. 만약 내가 유학을 계속해서 걱정하고 두려워하고 결국 당시 유학을 선택하지 않았다면, 유학 내내 각국의 친구들과 어울리며 누구보다 재밌고 건강하게 유학 생활을 즐겼던 수많은 추억과 친구들을 얻지 못했을 것이다. 그리고 무엇보다 이 선택이 없었다면 이전에는 상상하지 못한 지금의 중국어 그리고 더 나아가 중국에 대한 열정을 가지고 있는 내 모습을 만날 수 없었을 것이다. 또한, 나는 다양한 국적의 사람들과 만나고 소통하면서 내가 몰랐던 더 넓은 세상을 알게 되었다. 이러한 경험을 통해 나는 더 넓은 도전을 즐길 수 있는 사람이 되었다고 확신할 수 있다. 이런 내 경험을 통해서 나는 확실하게 깨달았다. 걱정하는 일은 생각보다 많이 일어나지 않는다!

06

내가 유학을
가게 된 이유

나는 중국어를 전공했다. 정확히는 관광중국어과이다. 그래서 전공 수업에서 중국어도 배우지만, 관광과 서비스에 관한 이론적인 부분도 많이 배운다. 또한, 관광 중국어다 보니 배우는 중국어는 실생활에서 사용하는 중국어보다는 서비스에 관한 중국어 비중이 더 많은 부분을 차지했다. 더군다나 나는 대학을 통해 중국어를 처음 접했다. 물론 고등학교 때 제2외국어로 중국어를 선택했지만, 그 어렵다는 1등급과 같은 비율인 9등급을 맞은 과목이 바로 중국어였다고 밝힌다. 그만큼 이전의 나는 중국어에 관한 관심도 흥미도 없었다. 그러던 내가 어떻게 전공으로 중국어를 선택하고 중국 유학까지 가게 되었을까? 나도 지금 다시 생각해보면 정말 신기하다. 관심도 흥미도 없던 중국어를 이렇게 좋아하게 되고, 지금 이렇게 내 유학 시절 이야기로 책으로까지 쓰고 있다니! 중국어를 선택한 그 순간부터 나는 내가 전혀 생각해보지도 못한 삶을 살아가고 있다. 그리고 나는 지금 이 삶을 너무 사랑한다.

　　나는 고등학교 때 성실했지만, 성적이 좋은 학생은 아니었다. 매일 밤 늦게까지 야자(야간 자율학습의 줄임말)를 하는 일명 "야자 요정"이라고 불릴 정도였다. 당시 나는 어떻게 공부해야 할지를 모르는 학생이었던 것 같다. 성실하게는 했지만, 요령껏 효율적으로 공부하지는 못했다. 그렇게 늘 중하위권의 성적을 벗어나지 못했고 그 상태로 수능을 보았다. 나는 수능 날 긴장보다는 친구들이랑 같이 도시락을 먹을 수 있어서 신난다고 생각을 하며 수험장에 들어갔다. 그래서 당연히 수능에 대한 떨림과 두려움이 없었다고 생각했다. 하지만 1교시 제일 자신 있는 과목이었던 국어 시간에 처음으로 시간이 부족했던 걸 보면 당시 내 상태는 긴장을 넘어선 해탈이었던 것 같다. 그리고 기적은 없었다. 내가 내심 바라고 기대했던 결과들은 우수수 떨어져 나갔다. 그렇게 나에게 남은 전공의 선택지는 오직 중국어와 일본어였다. 이마저도 원래 나는 일본어를 선택하려고 했다. 나의 부모님은 늘 '다 컸는데 알아서 해야지.'라며 원체 내 선택에 관여하지 않으시는 분들이다. 그러나 그때 전공을 선택하는 데 있어서, 특히 엄마가 일본어보다는 중국어를 선택하는 게 어떻겠냐고 물어보셨다. 중국어와 일본어 둘 다 원래 내가 하고 싶었던 것들이 아니었기 때문에 두 가지에 모두 크게 의미를 두지 않았고 나는 그렇게 엄마의 제안에 따라 중국어를 선택했다. 그게 내가 중국어 전공자가 된 이유이다. 사실 전혀 특별할 것 없는 이유라 항상 중국어를 왜 전공했느냐는 질문을 들으면 뭐라고 대답해야 할지 몰랐었는데 이 책을 통해 알린다. 나는 그저 어쩔 수 없이 중국어를 선택했다. 이런 내가 이렇게 중국 유학을 가게 되고 중국어를 좋아하고 잘하게 된 것이 나도 정말 신기하다!

아마 언어를 전공하는 사람들은 다 공감할 수 있을 것이다. 언어 전공자라고 밝히면 10명 중 8명은 그 언어로 말해달라는 부탁을 한다. 나도 물론 수없이 겪은 일이다. 누가 갑자기 나에게 "한국어 좀 말해봐!"라고 해도 당장 무슨 말을 해야 할지 모르는데, 심지어 다른 언어로 그런 질문을 받으면 굉장히 난감하다. 중국어를 잘할 수 있다고 생각하는 지금도 참 난감한 질문이다. 그런데 중국어를 막 접한 나에게 그러한 질문은 그 당시 크게 부담되는 일이었다. 그리고 이 질문으로부터 나는 중국어를 전공했지만 전공자라 할 정도로 '중국어를 잘하는 사람인가?'라는 의문을 가지게 되었다. 나는 그 질문에 "네."라고 자신 있게 말할 수 없는 사람이었다. 그래서 나는 중국어를 잘하고 싶다는 생각을 막연히 키웠고, 먼저 제일 접근이 쉬운 중국어 회화 학원에 등록하게 되었다. 내가 선택한 수업은 일주일에 두 번 정도 하는 회화 수업이었다. 물론 수업 안에서 새로운 표현이나 단어들을 배울 수 있는 점은 좋았다. 하지만 아무래도 그 시간에 잠깐 보는 사람들과 내 지극히 개인적인 이야기들을 하기는 쉽지 않았다. 또한, 매주 같은 사람들로 수업이 진행되다 보니 한정적인 대화 주제를 벗어날 수 없었다. 근본적으로 이 방법은 중국어에 대한 흥미를 느끼게 하지는 못했던 것 같다. 그렇게 큰 성장 없이 나는 2학년이 되었다.

나는 3년제 대학을 나왔다. 그러므로 바로 다음 학기 졸업과 취업을 준비해야 했다. 보고 읽는 거야 물론 비전공자보다는 낫지만, 중국어 전공자로 중국어를 사용하는 분야로 취업을 준비하기에는 나의 중국어 실력은 한참 부족했다. 나는 여전히 중국어를 자유롭게 한마디도 말할 수 없는 게 사실이었다. 그런 내가 창피하기도 하고 답답해 이번에는 과외를 해보기로 했다. 마침 주변에 중국어를 전공하시고 중국으로 어학연수도 다녀오신 분이 있었다. 나는 그 언니를 통해 중국어 과외를 시작하게 되었고 조금 더 재밌게 중국어를 배울 수 있었다. 언니는 종종 자신의 유학 시절 얘기를 해주며 외국인 친구와 함께 찍은 사진을 보여주기도 했다. 언니는 중국 유학으로 많은 것을 경험할 수 있었다고 했다. 하지만 나는 그 당시 언니의 말에 전혀 동요하지 않았던 걸 보면 여전히 유학에 대한 필요성을 느끼지는 못했던 것 같다.

그렇게 내 나름대로 중국어에 대한 노력을 하면서 또 한 학기가 흘렀다. 그렇게 2학년 1학기를 마쳤다. 그때 나와 가장 친하게 지내던 대학 친구가 휴학하고 중국 유학을 떠나게 되었다. 그 친구가 유학을 선택한 가장 큰 목적도 중국어 회화의 부족함을 느껴서였고, 우리는 그 부분에 대해 같이 고민하곤 했다. 하지만 나는 당시 유학은 물론이고 휴학 생각 조차도 전혀 없었기 때문에 나는 그 소식을 듣고 그저 친구와 같이 학교에 다니지 못하게 되어 아쉬울 뿐이었다. 나는 주변에서 중국 유학에 대한 이야기를 많이 접할 수 있었지만 여전히 내가 유학을 간다는 것에 대한 어떠한 동기는 얻지 못했다. 그렇게 2학년 2학기가 시작되고, 나는 더욱더 가까워진 졸업에 대한 압박감과 늦은 사춘기를 겪으며 헤매고 있었다. 그때 시기적절하게 찾아온 교내 어학연수 프로그램에 대한 정보와 그걸 본 엄마의 제안이 딱 맞아떨어졌다. 그러면서 처음으로 아무 생각이 없던 유학이 눈에 들어온 것이다. 인생은 정말로 타이밍이다. 나는 내 유학 경험을 통해 이 말이 무슨 뜻인지 제대로 알게 되었다.

앞에서도 말했지만 나에게 중국 유학을 가장 크게 제안한 건 엄마였다. 엄마가 아니었다면 나는 유학을 고민은 했겠지만, 실행했을지에 대한 대답은 확실하게 하지 못하겠다. 엄마는 자신이 더 많이 배우지 못하고 경험해보지 못한 것에 아쉬움을 항상 가지고 계신다. 그래서인지 내 자식만큼은 더 많은 것을 배우고 경험하길 바랐던 것 같다. 그리고 엄마는 그 누구보다 나에게 관심이 많은 사람이다. 누구보다 나를 잘 아는 사람으로서 내가 어떤 것을 좋아할지 나보다 더 먼저 알고 있었던 것 같다.

나는 크고 분명한 목표가 있어 유학을 떠나게 된 것이 아니었다. 당시 내가 가진 여러 가지 만족하지 못하는 상황에서 헤매고 있을 때 유학이 바로 해결하는 방법이었다. 그 힌트를 타이밍에 맞춰 잘 잡았을 뿐이고 그래서 유학을 떠날 수 있었다. 아무리 주변에서 열심히 얘기해도 그 당시 내 생각과 마음이 전혀 없었다면 나는 떠나지 않았을 것이다. 그리고 내가 아무리 떠나고 싶어도 올해와 같이 떠나기 어려운 때가 있다. 내게 시기적절하게 찾아온 타이밍을 내가 그냥 놓치지 않게 해준 부모님께 이 책을 빌려 다시 한 번 감사하다고 말씀드린다. 두 분 다 내 선택과 결정에 크게 관여하지 않으시지만 언제나 나를 믿어주고 응원해주시는 마음을 잘 알고 있다. 그래서 나는 내가 더 도전할 수 있는 사람이 되었다고 말하고 싶다.

김은서

김은서

2장

떠나고
배우고
실천해라

01

떠나고
배우고 실천해라

  나는 중국으로 두 번, 필리핀으로 한 번, 총 세 번의 유학을 떠났다. 그리고 가장 최근에는 제주에서 두 달 정도 제주살이를 했다. 나는 이러한 경험을 통해 다양한 사람들을 보고 만날 수 있었다. 내 또래의 나와 같은 친구들부터 내가 처음 들어보는 국가의 사람들, 그리고 한 분야의 전문가들까지. 유학생, 그리고 여행자로서 만나지 못했다면 언제 만날 수 있을지도 몰랐을 사람들을 정말 다양하게 그리고 많이 알게 되었다. 그리고 나는 그 사람들이 전해주는 다양한 전문 지식과 경험담을 통해 내가 아직 경험해보지 못한 많은 것들을 배울 수 있었다. 세상에는 내가 경험해보지 못한 나라들이 내 생각보다 더 많았고, 더 많은 다양한 사람들이 같지만 다르게 살아간다. 떠나지 않았다면 느끼지 못했을 너무나도 넓은 세상에 눈을 뜨게 된 것이다.

그리고 그런 새로운 세상에 대한 배움들은 내가 계속해서 자라고 지내온 곳을 넘어서 새로운 환경을 마주했을 때 더 많이, 다양하게 얻을 수 있었다. 물론 내 지금의 환경, 내 자리에서 얻을 수 있고 배울 수 있는 것들도 매일매일 새롭게 존재한다. 하지만 매일 같은 사람들과 일을 하고, 집에 돌아오는 일상에서는 새로운 무언가를 경험하기는 쉽지 않다. 내 원래 환경에서 일어날 수 있는 일들은 분명히 한계가 있다. 그래서 나는 떠나서 얻는 배움을 좋아한다. 그리고 이렇게 새로운 환경에서 얻은 배움은 나에게 즐거운 배움이 무엇인지를 처음으로 깨닫게 해주었다. 그리고 나는 이 배움을 실천하고 내 것으로 만들 수 있는 사람이 되었다.

지금은 누가 뭐래도 교육열 열풍의 시대이다. 유치원을 다니는 어린아이들마저 영어를 배우고, 초등학생들에게 학원은 필수가 되었다. 심지어 직장을 다니면서도 승진을 위해 자격증 수업을 들으며 끊임없이 배우고 또 배운다. 나 또한, 그렇게 배우고 자라왔다. 학습(學習)은 한자어로서 배워서 익힌다는 것을 뜻한다. 하지만 나는 고등학생이었을 때까지도 공부하는 것은 더 많이 배우는 것 즉 '학(學)'을 하는 것만이 배움의 방식인 줄 알았다. 그래서 나는 고등학교 3년 내내 거의 매일 오후 10시까지 학교에 남아 문제집을 읽고 강의를 들었다. 내 스스로 생각하고 익히는 시간보단 정보를 보고 듣고 얻는 시간들이 전부였다. 물론 이러한 노력을 통해 나는 성실함을 인정받았다. 하지만 성적이 좋을 수는 없었다. 수많은 정보를 얻었지만 나는 그것을 내 스스로 익히는 법은 몰랐다. 그러다 보니 배움이 재밌고 즐겁다는 말에 공감할 수 없었다. 그러니 성적이 좋을 수가 없던 것은 당연했다. 한마디로 고등학생 때의 나의 공부법에는 '습(習)'이 없었다. 배움에 흥미를 갖지 못하니 정보를 내 것으로 만들지 못하는 것은 너무 당연했다. 성적이 오르지 않았던 데는 다 그만한 이유가 있었던 것이었다.

그러나 지금의 나는 배우는 것을 좋아한다. 이전에는 상상하지도 못한 다양한 분야에 관심을 가지고 스스로 배우고 실천하고 있다. 하지만 지금 내가 좋아하는 배움은 그저 책상에 앉아 수많은 정보만을 보고 듣는 것이 아니다. 지금의 나는 내가 알고 싶은 것, 보고 싶은 것은 반드시 직접 경험을 해보고 이해해야 직성이 풀리는 사람이다. 내가 원하는 것은, 바로 이런 학(學)과 습(習)이 공존하는 배움이다. 그냥 가만히 앉아서 들기만 하는 강의가 이제는 내게 아무런 흥미를 불러일으키지 못하는 이유이기도 하다.

  그리고 그런 학(學)과 습(習), 이 두 가지가 모두 중요하다고 깨닫게 된 것은 바로 유학으로부터다. 나는 내 중국어 실력이 중국을 다녀온 전과 후로 나뉜다고 자신 있게 말할 수 있다. 나는 한국에서 배운 전공 수업, 더불어 다양한 사교육을 통한 배움보단 중국 유학에서의 친구들과 웃고 떠들면서 배운 경험으로 더 크고 넓은 중국어 수준의 성장을 경험했다. 그리고 그 차이를 생각해봤을 때 가장 큰 차이점은 바로 내가 중국어를 즐기게 되었다는 점이다. 중국 유학을 할 때는 그날 배운 단어와 표현들을 어디서든 쉽게 사용해볼 수 있다. 그러다 보니 자연스럽게 오늘 아침에 배운 표현들을 점심에 식당에서 주문하면서 사용해보고, 저녁에 슈퍼에 가서도 사용할 수 있다. 또한 바로 옆에 있는 외국인 친구들과 대화하면서도 바로바로 배우고 익힐 수 있다. 배움에서 끝나는 것이 아니라 바로바로 실천으로 이어지다 보니 자연스럽게 배움에 속도가 붙는다. 배움에 속도가 붙으니 당연히 자신감이 생긴다. 자신의 성장을 직접 느끼는 것만큼 배움의 재미를 느낄 수 있는 건 없다. 그렇게 내가 잘하게 된 분야를 더 알고 배우고 싶고 그렇게 배움에 흥미와 열정이 생기며 배움을 즐기게 된다. 나에게 중국 유학에서의 중국어가 딱 그랬다. 2년 넘게 매일 학교와 학원을 다니며 배운 중국어보다 중국 유학에서의 한 학기에서 나는 더 많이 배우고 성장했다. 나는 이러한 경험들을 통해 학습한 것을 내 지식으로 그리고 내가 활용할 수 있게 만들기 위해서는 흥미를 가지고 배우는 것이 얼마나 중요한지 알게 되었다.

나는 내가 유학을 통해 정말 많은 것을 배우고 얻어올 수 있었다고 확신한다. 특히 나는 중국 유학을 통해 내가 목표한 수준 이상의 중국어 실력을 가지게 되었다. 그래서 배움을 즐겁게 느끼고 그 배움을 넘어서 실천하는 것이 진정한 배움이라는 것을 깨달았다. 수많은 사람이 태어나서 죽을 때까지 끝없이 배우고 또 배운다. 보고 느끼고 생각하기는 쉽다. 하지만 배운 것을 실행해서 내 것으로 만드는 사람은 극소수다. 학습한 것을 내 지식으로 그리고 내가 활용할 수 있게 만들기 위해서는 행동이 꼭 뒷받침되어야 한다. 아무리 즐겁게 얻은 배움이라고 해도 거기서 끝이라면 그저 즐거운 추억이 될 뿐이다. 내 것으로 내 지식을 만들기 위해서는 즐겁게 배우고 실천과 배움을 활용해야 한다. 그래서 나는 배움에서 멈추는 것이 아닌 배우고 행동하기 위한 연습을 계속해서 하고 있다.

02

언어 전공자들이
배워도 말을 못하는 이유

나는 HSK(중국어 자격증) 4급을 가지고 있는 수준으로 중국으로 유학을 떠났다. HSK는 1급부터 6급까지 있고 6급이 제일 높은 수준이다. 나는 대학에서 2년 정도 중국어를 배운 상태에서 시험을 봤고 아슬아슬하게 4급을 통과했다. 4급은 중국어 비전공자들도 개인의 스펙을 위해 많이들 가지고 있는 수준으로 전공자에게는 기본 스펙과 같은 수준이었다. 그래도 나는 대학 내내 학원도 다녔고, 유학을 떠나기 전까지 중국어 공부를 계속하고 있었다. 하지만 중국에 도착해서 내가 제일 먼저 느낀 것은 '이게 진짜 중국어구나.'라는 것이었다. 중국어를 2년 동안 전공하면서 공부한 사람이 이런 말을 하는 것이 이상하게 들릴 수도 있을 것이다.

하지만 내가 현지에 가서 들은 중국어는 그동안 듣고 배워왔던 중국어랑은 너무나도 달랐다. 그제야 나는 그동안 한 번도 중국인이랑 대화를 한 적이 없었다는 것을 깨달았다. 물론 대학교에 외국인 교수님이 계셨지만, 교수님은 우리의 수준을 이미 너무 잘 알고 계셨다. 그리고 오히려 한국어를 하시는 게 편해 보일 때가 있을 정도로 오랜 한국 생활에 익숙해져 계신 분이었다. 나는 중국에 도착하자마자 단 한마디가 입 밖으로 나오지 않는다는 말이 무엇인지 진정으로 깨닫게 되었다.

2년은 짧다면 짧고 길다면 긴 시간이다. 나는 2학년 때까지 중국어 시험은 거의 다 A를 맞아올 만큼 열심히 중국어를 공부해왔다고 생각했다. 두렵기는 했지만 어떻게든 말을 하겠지라는 큰 착각을 하고 있었다. 하지만 진짜 중국에서 중국어로 소통하는 것은 내 상상 그 이상의 일이었다. 그때야 나는 그동안 '계속 공부를 했음에도 불구하고 왜 한마디 말도 나오지 않을까?'에 대해 많은 생각을 해보았다.

대부분의 사람들이 그렇듯 나 또한 계속 자격증 시험을 준비하는 식으로 중국어를 공부해왔다. 내가 중국어를 공부해왔던 방식은 먼저 지문을 읽고 분석하고, 모르는 단어와 문법들을 공책에 정리하며 외우는 것뿐이었다. 책과 공책에는 이미 빽빽하게 수많은 내용이 정리되어 있지만, 그 내용을 내 목소리로 읽어볼 생각은 해보지 않았던 것 같다. 전공 수업을 통해서나 회화 학원에 공부하러 다닐 때도 중국어를 읽는다는 것은, 주어지는 본문을 보고 따라 읽는 것에 그치는 게 대다수였다. 항상 주어지는 패턴 안에서만 말하고 연습하니 그때그때 내가 생각하는 것들을 말하지 못하는 것은 당연했다. 나는 그동안 한 번도 내 생각대로 말을 내뱉어 보는 연습을 하지 않았다. 아마 한국에서 중국어를 배우는 사람 대부분은 나와 같을 것으로 생각한다.

내가 경험하고 느낀 언어를 배우는 데 있어서 가장 좋은 환경은 그 나라에 가는 것이다. 지금은 다양한 방법을 통해서 효과적으로 언어를 배울 수 있다. 하지만 앞서도 말했듯 내 경험상 내가 가장 많이 중국어가 늘 수 있었던 이유는 유학을 통해서였다. 그리고 내가 느낀 것은 그 언어로밖에 소통이 안 되는 상황에 있어야 언어 실력이 제대로 성장한다는 것이다. 한국에서 내가 아무리 중국어로 회화 연습을 한다 해도, 결국 답답하거나, 막혔을 때는 당연히 한국어가 먼저 튀어나오게 된다. 이미 그 사람들이 한국어를 이해할 수 있다는 것을 알기 때문이다. 하지만 중국에서는 중국어가 아니면 소통을 할 수가 없다. 아무리 속이 터지고 답답

해도 중국어가 아니면 내 말과 뜻을 전할 수가 없으니, 어쩔 수 없이 알고 있는 모든 중국어를 쥐어짜 내서라도 내 뜻을 전달해야만 한다.

내가 중국에 처음 가서 겪은 제일 어려웠던 일은 은행에 가서 계좌를 개설하는 일이었다. 중국은 모바일 결제 시장이 엄청나게 대중화되어 있다. 심지어 길거리에서 구걸하는 사람들조차 모바일 결제 방식으로 돈을 구한다. 온라인 쇼핑, 배달, 식당 주문과 같은 모든 것들을 모두 모바일로 이용하고 결제한다. 따라서 유학생들이 생활하는 데 있어서 모바일 결제를 이용할 수 있는 중국 계좌 개설은 필수 조건이다. 당시 스물두 살이었던 나는 한국에서 은행에 일을 보러 가도 은행원분들의 말들을 다 이해할 수 없었다. 그런데 그런 내가 중국에서 계좌를 개설해야 한다니 막막하지 않을 수가 없었다. 나는 같이 온 한국 유학생 친구들과 같이 은행을 찾아갔다. 중국어를 배운 지 얼마 안 되었을 때이니 기초 생활 중국어도 모르는 게 더 많은데 은행에서 중국어로 소통한다는 것은 쉽지 않은 일이었다. 영어를 할 수 있었던 언니가 영어로 소통해봤지만, 영어로 소통이 가능한 중국인 직원분은 없었다. 결국, 죽이 되든 밥이 되든 우리는 중국어로 소통해 은행 계좌를 만들어야 했다. 지금 생각해보면 내가 그때 어떻게 그 말을 다 알아듣고 했을까 하는 의문이 든다. 핸드폰으로 인증번호를 받고 인증번호를 알려주고 계약서에 몇 번을 사인하는 이 과정은 한국어로 진행한다 해도 복잡한 과정이다. 그 모든 것을 중국어만을 사용해 해낸 그 당시의 내가 너무 신기할 따름이다. 물론 과정이 순탄치는 않았다. 말로 아무리 설명해도 서로 못 알아들으니, 종이에 단어를 써주고 사전을 찾아가면서 노력했다. 나는 그때 배운 '密码'라는 단어를 잊지 못한다. 비밀번호를 뜻하는 단어인데 계좌 개설 과정에서 비밀번호를 설정하고 확인하는 과정은 필수이다. 그래서 몇 번이고 비밀번호를 다시 눌러야 했는데 처음에 이 단어를 몰라서 한참을 고생했던 기억이 난다. 그렇게 어렵게 계좌를 다 만들고 난 후 너무 지쳐 바로 한국 음식점을 찾아가 삼겹살을 먹었던 기억이 난다. 이렇듯 힘들지만 내가 어떻게든 중국어를 사용할 수밖에 없는 상황을 만드는 것이 중요하다.

또한, 내가 중국어로 말을 많이 하지 않았던 또 다른 이유는 중국어로 말을 한다는 것이 쑥스러웠던 것 같다. 익숙하지 않은 중국어로 말을 하다 보니 말이 앞뒤가 안 맞는 것은 당연했다. 뿐만 아니라 단어를 생각하느라 말할 때 표정이 일그러지기도 한다. 하지만 나는 처음부터 지나치게 완벽한 문장을 말하고 싶어 했기에 더 입이 떨어지지 않았다. 특히 처음 회화 학원을 가서 중국어로 말을 할 때 중국어과라고 나를 소개하고 마치 애기들이 말하는 것처럼 더듬더듬 중국어를 말하는 내 모습이 너무 쑥스러웠다. 그래서 더욱더 말을 하고 싶지 않았던 것 같다. 처음부터 완벽하게 말하고자 하는 욕심을 버려야 한다는 것을 미처 깨닫지 못했다. 나는 그것을 중국에서 같은 반 외국인 친구들을 통해 깨우칠 수 있었다.

나는 유학을 통해 국가별로 언어를 배우는 특징이 있는 것을 느꼈다. 물론 사람마다 차이는 있을 수 있지만 내가 겪은 경험으로는 그랬다. 대부분의 아시아권 학생들의 경우는 아무래도 한자가 익숙하거나 한자를 사용하는 국가이기 때문에 중국어를 배우는 데 있어서 읽고 쓰기에 유리한 장점이 있다. 그래서 내 경험으로 보면 보통 읽고 쓰는 시험에 있어서 순위권에 있는 학생들은 아시아권, 특히 일본과 한국 학생이었다. 하지만 말하기 부분에서는 오히려 반대인 경우가 많다. 특히 우리 반 친구였던 러시아 친구와 네덜란드 친구도 발표 과제를 할 때 항상 서툴더라도 자신 있게 그리고 자유롭게 자신의 의견을 말했다. 그 친구들은 항상 자신이 그때그때 생각하는 대로 말하려 노력했다. 그에 반해 나는 발표를 할 때 미숙한 중국어를 조금이라도 더 완벽하게 말하고 싶었기 때문에 항상 대본을 보고 말을 했다. 나는 나 스스로 생각을 바로 말할 기회를 없애고 있던 것이었다. 그러한 차이점을 느끼면서 언어를 배우는 방식에 대해서도 많이 생각해볼 수 있었던 것 같다.

　중국에서 나는 외국인이다. 생각보다 사람들은 외국인에 관대하다. 사람들이 모국어를 하는 외국인을 만난다면 제일 먼저, 그리고 많이 하는 말은 "와, ○○어 잘하시네요!"일 것이다. 내가 외국인이고 내가 이 나라에 언어를 배우러 왔다는 사실만으로도 그들은 이미 나에게 호의적이다. 내가 완벽한 문장을 말해야 그들이 놀라는 것이 아니다. 오히려 내가 아무리 이상하게 말해도 중국어를 할 줄 안다는 그 자체만으로도 많은 칭찬과 응원을 받는다. "칭찬은 고래도 춤추게 한다."라는 진부한 말이지만, 진리의 말이 있다. 배움에서 잘하고 있다는 말을 듣는 것만큼 기분 좋은 말은 없다. 그래서 나는 그러한 환경을 만들 수 있는 곳을 만들고 찾아가야 언어를 더 잘 배울 수 있다고 믿는다.

03

내가 중국어로
수다 떨 수 있는 이유

외국인 친구들과 외국어로 수다를 떠는 일. 아마 이것은 모두가 한 번쯤은 꿈꿔본 목표일 것이다. 외국어 공부는 매년 새해 1등 목표일 정도로 사람들은 외국어에 대한 동경심이 있다. 나 또한 그랬다. 외국어를 자연스럽게 말할 수 있는 일, 그것은 예전의, 그리고 지금의 나에게도 끝없는 목표이다. 나는 내가 지금 중국어로 수다를 떨 수 있는 수준을 가진다고 자신 있게 말할 수 있다. 물론 내 최종 목표는 외국인이 중국어를 하는 수준을 넘어선 완벽한 중국어를 구사하고 싶다는 것이다. 대학교 전공으로 중국어를 처음 접한 내가 단 1년, 두 학기의 어학연수를 통해 지금의 수준까지 올 수 있었던 이유는 뭘까? 내가 중국어를 어떻게 배우고 공부했는지 이 장에서 자세하게 나의 경험을 소개하고자 한다. 이런 내 경험이 중국 유학을 선택하는 데 있어, 그리고 중국어를 공부하는 데도 도움이 되고 흥미를 불러일으키기를 바란다.

내가 처음 중국에 갔을 때만 해도 나는 중국어를 잘하지 못했다. 유학을 막 시작했을 때 나는 유학생 기숙사를 찾지 못해 호기롭게 유학생 기숙사가 어디냐고 지나가던 중국인 학생에게 말을 걸었다. 친절히 대답해준 중국인 학생에게는 정말 미안하지만 나는 그 말을 하나도 알아듣지 못했다. 그저 눈치껏 손가락이 가리켰던 방향을 따라서 인사를 하고 그 자리를 떠났다. 참 웃기는 일이다. 나는 중국어를 공부했지만 진짜 중국인이 하는 말은 특히나 더 알아듣기가 어려웠다.

아마 언어를 공부하는 사람들 모두 느낄 수 있을 것이다. 같은 언어를 배운다는 것은 정말이지 묘한 동질감을 준다. 내게 어려운 단어는 남에게도 어렵다. 즉 수준이 비슷한 두 사람이 외국어로 얘기하면 서로 알아들을 수 있는 단어로만 얘기한다는 것이다. 그래서인지 나는 중국인이 아닌 다른 국적의 외국인 중국어로 얘기를 할 때 서로 알아듣기가 더 쉬웠다. 또한, 이야기하다 둘 다 모르는 단어가 나왔을 때는 앞서 말한 묘

한 동질감이 무엇을 얘기하고 싶은지를 기가 막히게 느끼게 해준다. 그래서인지 대화하는 데 있어서 부담감이 확실히 덜했다. 그래서 나는 나처럼 중국어를 아예 못 알아듣는 것이 아닌데, 특히 중국인이 하는 중국어를 알아듣는 게 어렵다면, 맨 처음 중국인과 바로 소통하는 것이 아닌 중국어를 하는 외국인 친구들과 소통하는 연습을 먼저 해보라고 말하고 싶다.

내가 지내던 유학생 기숙사 1층에는 로비와 같은 공간이 있다. 그곳에는 늘 중국인 경비원분이 있으셨고 그 주위로는 늘 수많은 유학생이 "슈슈! 슈슈!" 하며 경비원 아저씨와 얘기를 하고 있다. (叔叔; 한국어 발음으로 '슈슈'는 아저씨를 뜻하는 중국어이며 유학생 대부분은 경비원 아저씨를 '슈슈'라고 부른다.) 어느 날 나는 친구를 기다리기 위해 잠깐 로비 소파에 앉아 있었다. 여느 때처럼 1층에는 각국의 유학생들이 있었다. 슈슈와 간단히 인사를 나누고 앉아 있는데 혼자 있는 내가 심심해 보이셨는지 슈슈는 먼저 내게 물었다. "你是韩国人吗?(너는 한국 사람이니?)" 이 질문을 시작으로 모든 주변 유학생들의 관심이 혼자 있는 나에게 쏠렸다. 아마 다들 새로운 얼굴의 유학생에 대해 많이 궁금해하고 있었던 모양이다. 나는 "我是韩国人.(저는 한국인이에요.)"라고 대답했을 뿐인데 다들 "너 중국어 잘한다!"라며 내게 말을 걸어오기 시작했다. 평소의 나였다면 많은 사람들의 관심을 받는 게 부담스러워 그 자리를 나왔을 것이다. 하지만 이상하게도 나는 중국에서 생활하는 1년 동안은 누구보다 쑥스러움이 없는 사람이었다. 처음 느껴보는 아무도 나를 모르는 자유로운 상황에 취해 있던 것일까? 아니면 외국인으로서 환영받는 환경에 마음이 들뜬 걸까? 어찌 되었든 나는 내 표현을 써서 말한다면 중국에서 정말이지 많이 까불거렸던 것 같다. 그래서 호기심 가득한 각국의 친구들의 관심이 싫지 않았다. 또한 다들 장난기 가득한 친구들이었기 때문에 경계심을 느낄 새도 없이 어느새 그들과 친구가 되었다. 그렇게 나는 점차 로비에 앉아 자연스럽게 사람들과 어울리는 시간을 즐기게 되었다. 그러다 보니 기숙사를 드나드는 유학생과 하나둘씩 얼굴을 익히게 되었다. 나는 어느새 그 학기 유학생 대부분과 친구가 되었다. 슈퍼를 가다 만나면 같이 장을 보고 돌아오고, 산책하러 나가다 만나면 같이 산책하기도 했다. 그러다 보니 수업 후에도 중국어를 사용할 수 있는 기회들이 늘 있었다. 나는 그렇게 그 어떤 방법들보다 자연스럽고 재밌게 중국어를 배우고 익히고 있던 것이다.

하지만 외국인 유학생들끼리만 소통을 하다 보면 아무래도 각자의 모국어가 아니고 서로가 중국어를 배우고 있는 입장이다 보니 틀린 문장이 있어도 모르고 넘어가는 부분이 많다. 틀리는 문법을 계속 틀리게 말해도 아무도 알아차리는 사람이 없을 수도 있다는 것이다. 그래서 나는 당시 대학교학생회의 도움을 얻어 언어 교환을 목적으로 한 중국 친구를 소개받았다. 첫날 만나서 얘기도 너무 재밌게 하고 잘 놀고 돌아와 첫 일주일은 연락도 자주 하고, 약속도 잡고 하면서 언어 교환의 목적에 대한 열의를 불태웠다. 하지만 아무리 잘 맞는 친구라도 끊임없이 연락이 이어지기는 쉽지 않았다. 친구라고 해도 내가 물어보고 싶을 때 계속해서 찾기는 부담스러운 게 사실이었다. 처음에는 나도 친구가 물어본 한국어를 다양하게 찾아보고 알려주려 노력했지만 결국 나중에는 "요즘 내가 바빠서…."라는 말로 연락을 미루게 되었다.

그러나 앞서 말한 단점들을 다 보완할 수 있는 한 가지 방법이 있다. 그것은 바로 연인을 통해 언어를 배우는 것이다. 나는 당시 앞서 말한 같은 학교 석사생인 중국인 남자친구가 있었다. 같은 학교의 학생이었기 때문에 우리는 매일 만날 수 있었다. 매일 같이 만나서 자연스럽게 중국어를 말하고 배웠다. 특히 당시 중국인 남자친구는 한국어를 할 수 있었기 때문에 나는 더 많은 도움을 받을 수 있었다. 처음 공부를 할 때 말하고 싶은 문장 안에서 각 단어는 알지만 어떻게 배열해야 할지 모르는 경우가 많았다. 아무래도 한국어와 중국어의 어순이 달라서 내가 틀리는 부분은 항상 그런 부분이었다. 이런 부분에서 남자친구가 한국어를 할 수 있으니 한국어 어순과 중국어 어순을 비교해주면서 문장을 말하는 법을 많이 배울 수 있었다. 또한, 만나지 않는 순간에도 내가 중국어에 어려움이 있을 때 부담 없이 바로바로 물어볼 수 있어서 더 빨리 많은 단어와 표현을 익힐 수 있었다. 만나서는 중국어를 말하고 듣고, 연락하며 계속해서 중국어를 보고 쓰기 때문에 언어가 안 늘 수가 없었다! 또한, 연인만큼 나한테 많은 관심과 애정을 가지고 가르쳐주고 얘기하고 싶어 하는 사람은 없다. 그래서 나는 연애를 하면 언어가 는다는 말에 100%, 아니 그 이상 동의한다. 그래서 연애를 통해 언어를 배우는 방법을 추천하고 싶다.

유학을 다녀왔지만, 한국에 돌아와서 배운 언어를 완전히 까먹었다는 사람들이 많다. 하지만 나는 중국 유학을 다녀오고 나서도 중국어 감을 잃지 않았고 오히려 당시 꿈도 못 꾸던 HSK 6급 시험(중국어 자격증 시험. 6급이 제일 높은 수준이다.)도 통과했다. 내가 중국어로 수다를 떨 수 있고 유학 후 지금까지도 실력을 유지할 수 이유는 바로 나는 중국어를 넘어, 중국을 좋아하기 때문이라고 말하고 싶다. 언어를 잘하기 위해서는 그 나라를 좋아해야 한다. 그 나라에 계속 관심을 가져야 언어 실력을 유지할 수 있다. 내 핸드폰은 언제나 중국어에 관한 기사를 쉽게 볼 수 있게 설정이 되어 있다. 그러다 보니 핸드폰을 할 때마다 자연스럽게 중국에 대한 소식들을 자주 보고 접한다. 그러다 어느 한 드라마가 요즘 중국에서 인기가 많다는 기사를 보면 그 드라마를 찾아본다. 그렇게 드라마를 보게 되고, 보다 보니 드라마 OST가 좋아서 그 노래를 또 들어본다. 듣다 보니 노래가 좋아 무슨 가사인지가 궁금해 가사를 또 찾아보고 그러면서도 새로운 단어와 표현을 익힌다. 이렇게 끊임없이 자연스럽게 중국어를 접하게 되니, 한국에서도 중국어를 잊지 않을 수가 있었다. 또한, 이러한 방법을 통해 알게 된 단어들은 내가 공부를 해야지 하고 단어책을 펴서 단어를 외울 때와는 다르게 더 잘 기억에 남는다. 그래서 나는 늘 계속해서 중국어 그리고 중국에 대한 정보를 찾는다. 이러한 방법으로 나는 지금까지도 중국어 수준을 유지할 수 있었고 그것이 내가 중국어로 수다 떨 수 있는 이유이다.

내가 경험해서
배우는 것만이 결국 남는다

나는 이전까지 살면서 내가 한국인임에 뿌듯함을 느껴본 적이 한 번도 없었던 것 같다. 내가 한국인이라는 것에 대한 어떠한 감정을 느껴보지 못했다는 게 더 정확한 것 같다. 하지만 두 번째 학기, 중국에서 생활하는 동안은 한국인이라서 뿌듯하고 또 감사한 점이 참 많았다! 내가 두 번째 학기로 선택한 도시는 아직 한국에서 직항도 없는 진짜 중국을 경험할 수 있는 곳이었다. 그러다 보니 한국 유학생은 물론이고 유학생 자체가 많이 없는 도시였다. 아무래도 내가 그전 학기를 다양한 유학생이 많은 곳에서 지내서 더 그렇게 느낀 것 같기도 하지만 분명한 건 사람들이 정말로 유학생을 신기해하고 반가워했다는 것이다. 특히 한국인 친구들과 길거리를 지나다니면서 한국어를 하다 보면 한국인이냐고 먼저 관심을 보이는 사람들이 정말로 많았다. (심지어는 한국인이라는 이유만으로 식당에서 밥을 먹다가 주인분과 사진을 찍어준 적도 있다.) 그러다 보니 나는 이번 학기를 통해 자연스럽게 다양한 중국인 친구들의 관심을 받고, 정말 많은 친구들을 만날 수 있었다. 특히 기억에 남는 친구는 입학식 때 우리 반 안내를 도와준, 같은 학교에서 스페인어 전공을 하던 친구이다.

이때도 그 친구가 먼저 위챗(한국의 카카오톡과 같은 메신저 앱)을 통해 입학식에서 본 나와 내 친구를 기억하고 먼저 연락을 했다. 그 친구에게는 미안하지만 이러한 경험이 낯선 나는 궁금함과 더불어 약간의 의심을 하고 친구를 만나러 나갔던 것 같다. 의심한 것이 미안하게도 그 친구는 같은 언어를 배우는 사람으로서 공통점도 많고 한국을 좋아해 한국인이랑 친해지고 싶어 먼저 연락을 한 것이었다. 특히 그 친구는 나보다도 한국 문화를 더 많이 알고 있었다. 드라마는 물론이고 한국 가수들을 정말 많이 좋아했다. 그렇게 우리는 같이 노래방을 가서 한국 노래를 같이 부를 정도로 친해졌다! 그 친구와 연락을 할 때 한국인이어서 좋겠다는 말을 들은 적이 있었다. 그 말은 평생 살아가며 한국인인 것에 대해 아무런 생각을 해보지 않았던 나에게도 참 뿌듯한 말이었다. 또한 다른 사람이 나를 부러워한다는 말은 내가 이미 대단한 사람이 된 것 같은 기분을 느끼게 해주었고, 나 스스로에게 많은 자신감을 주었다. 그리고 그 자신감의 결과는 내 중국어 실력 향상뿐만 아니라 내 생각과 태도에도 많은 긍정적인 영향을 주었다.

첫 중국 유학 후 나는 단어만을 말하던 수준에서 문장을 말할 수 있는 수준의 실력을 만들었다. 전문 용어로는(?) 입을 틀 수 있게 되었다고 표현한다. 1학기를 마치고 이제 어느 정도 중국어로 말을 하는 데 자신감이 생기자 중국의 더 많은 곳들이 궁금해졌다. 나는 이전 학기 내가 지내던 도시의 근교를 다녀온 것 말고는 한 학기 모두 교내에 있는 시간이 많았다. 그래서 이번 학기의 목표는 한 달에 최소 한 번은 여행을 가는 것이었다. 나는 한 달에 최소 많으면 두 번도 여행을 다닐 정도로 진짜 중국을 느끼기 위해 많이 움직였다. 이번 학기에 친해진 친구들 모두 여행을 좋아했다. 특히 나는 같은 반이었던 은희 언니와 여행을 많이 다녔다. 같은 반이다 보니 둘 다 중국어로 문제없이 소통을 할 수 있었고, 무엇보다 많이 보고 많이 즐기기라는 여행 성향이 맞아 같이 더 많은 곳들을 다닐 수 있었다. 그렇게 나는 두 번째이자 중국에서의 마지막 학기를 그 누구보다 열심히 즐기고 경험했다.

　나는 보통 여행을 갈 때 기차를 이용했다. 아무래도 유학생이다 보니 저렴한 교통 수단을 더 선호한 것도 있지만 나는 중국 기차 특유의 분위기를 좋아한다. 중국은 좌석이 침대로 되어 있는 기차가 보편적이다. 그리고 그 기차에는 암묵적인 규칙이 있다. 기차는 한 칸에 총 3층, 두 개의 3층 침대가 마주 보고 있다. 1층을 제외한 2, 3층은 앉아 있을 수도 없이 칸이 좁다. 정말 눕는 거 말고는 할 수 있는 게 아무것도 없다. 그래서 1층은 늘 공용의 자리이다. 밤 기차가 아닌 이상은 보통 1층에 다 같이 앉아서 이야기를 나누면서 가는 것이 중국 기차의 규칙이다.

　내가 맨 처음 중국에서 기차를 탔을 때 일이었다. 나는 친구들 네 명과 함께 여행을 갔고 여섯 칸 중에 위 4칸을 우리가 쓰고 있었다. 그 당시 각 1층에는 할아버지 한 분과, 우리 또래의 중국인 남자분이 있었다. 첫 기차여행이라 아무것도 모르는 우리는 1층이 제일 넓어서 비싼 것도 모르고 그저 싼 2, 3층 좌석을 선택했다. 아니나 다를까. 낯선 침대 기차에 몇 시간씩 누워 있는 것은 생각보다 불편했다. 늦은 저녁 기차가 아닌 이상 1층을 보통 다 같이 사용하는 것은 생각도 못 한 채 1층에 계신 분들이 불편할까 근처 복도를 서성이고 있었다. 그런 우리 모습이 누가 봐도 외국인 같아 보였는지 1층에 있던 또래 남자분이 먼저 영어로 1층에 앉아도 된다고 말을 걸었다. 나는 당시 영어를 정말 한 단어도 못 뱉는 수준이었기에 중국어로 대답할 수밖에 없었다. 그분에게는 그런 내가 중국어를 정말 잘하는 외국인으로 보인 것 같다. 그래서일까 앞에 계시던 할아버지께서도 우리에게 관심을 보이셨다. 우리는 그렇게 어느새 1층에 나란히 앉아 기차 안에서 이야기를 하고 할아버지의 말씀을 다 같이 듣기도 했다. 그렇게 친해진 그 남자분이랑 할아버지랑 내리기 전에 다 같이 사진도 찍으며 첫 기차여행을 좋게 시작할 수 있었다. 그리고 그다음 기차여행을 할 때는 자연스럽게 1층에서 어울리면서 중국 문화를 자연스럽게 따라가고, 그 안에서 다양한 사람들을 만나고 얘기해볼 수 있었다. 그렇게 나는 중국에 대해 더 많이 배우고 느낄 수 있었고 자연스럽게 중국을 좋아할 수 있게 되었다.

나는 중국에서 정말 많은 새로운 경험들을 할 수 있었다. 살면서 처음 받아보는 외국인으로서 관심과 한국인으로서의 부러움 그리고 동경과 같은 다양한 반응들은 내 스스로에 대한 자신감을 키워주었다. 또한 중국에서 생활하면서 느끼고 받은 많은 즐거운 기억들로 중국을 더 좋아할 수 있게 되었고 그러다 보니 자연스럽게 중국어도 좋아하고 잘할 수 있게 되었다. 이 모든 것이 내가 직접 경험하고 느꼈기 때문에 나에게 더 크게 다가왔고, 또 지금까지도 이렇게 내 삶에 적용될 수 있다고 믿는다. 중국에서의 시간이 벌써 꽤 지난 지금까지도 이렇게 생생한 것을 보면 정말이지 내가 경험해서 배우는 것만이 결국 남는다는 말이 무엇인지를 크게 느낀다. 나는 아마 그때의 시간들을 평생 기억하며 계속해서 추억할 것 같다.

05

배운 것은
써봐야 내 것이 된다

단어는 왜 외워도 외워도 계속 까먹을까? 열심히 쓰고 보고 외우며 단어를 익혔지만 왜 3일만 지나도 새로워 보이는 것일까? 내가 언어를 공부하면서 계속 궁금했던 부분이다. 나뿐만 아니라 내 주변의 중국어를 배우는 친구들도 단어를 외우는 것을 굉장히 힘들어한다. 밑 빠진 독에 물 붓기라는 말처럼 단어는 외워도 외워도 이상하게 까먹는 게 더 많은 것 같다. 그런 답답한 마음이 내가 한국어를 배울 때 나는 단어를 어떻게 외웠었지라는 생각까지 불러일으켰다. 그리고 한국어 단어를 배울 때 단어의 뜻을 손으로 쓰고 외웠던 기억은 없었다는 것을 알게 되었다. 그저 그 상황 안에서 뜻에 대한 설명을 듣고 이해하는 게 전부였다. 그렇게 상황을 통해 이해한 단어는 그 이후부터 내 것이 되었다. 물론 당연히 이것은 모국어이기 때문에 가능한 일이다. 외국어를 배우기 위해서는 당연히 단어 책을 펴고 단어를 외우는 노력이 필요하다. 하지만 내가 강조하는 것은 그렇게 외워서는 100번 봐도 절대 안 외워지는 단어가 있다는 것이다.

나에게 '尷尬'이라는 단어가 그랬다. 딱 봐도 어렵게 생긴 글자다. 쓰기도 어렵고 보기도 어렵다. '(입장 따위가)난처한, 어색한'이라는 의미를 가진 이 단어는 나에게 아무리 쓰고 외워도 까먹고 또 까먹고, 익숙해지지 않는 단어였다. 그러다 보니 내 입에서 한 번도 사용해본 적이 없는 단어였다. 그랬던 내가 이 단어를 절대 까먹지 않게 된 이유는 무엇일까?

그날은 내 중국인 친구가 우리 학교에 놀러 올 일이 있어서 오랜만에 만나기로 했던 날이었다. 그동안 연락이 꽤 뜸했던 친구라 오랜만에 만나는 자리였다. 또한, 나는 내 친구를, 그 친구는 다른 중국인 친구를 불러 이렇게 네 명이 처음으로 함께 놀게 된 날이기도 하다. 그렇게 다 같이 카페를 가서 주문한 음식을 기다리는데 오랜만이기도 하고 네 명이 함께하는 첫 만남이라 그런지 어색함이 흘렀다. 그때 친구가 멋쩍게 "好尴尬"('어색하네'라는 뜻으로 중국어로 '하오깐까'라고 발음한다.)라며 말을 떼었다. 하지만 나와 내 친구 모두 그 단어를 알아듣지 못했다. 무슨 뜻인지 물어봤을 때의 친구의 대답이 내게 '尴尬'라는 단어를 잊을 수 없게 만들었다. 친구의 대답은 바로 지금의 이 상황이 바로 그 단어의 뜻이라는 것이었다. 나는 단번에 그 뜻을 파악할 수 있었다. 다소 어색하고 무슨 말을 해야 할지 모르겠는 바로 이 상황. 내가 아무리 예문을 보고 단어를 써가며 외워도 잘 외워지지 않던 단어였는데 친구의 그 한마디에 그 단어는 내게 잊을 수 없는 단어가 되었다. 그 상황에서 내가 경험을 해보며 알게 된 단어라 아직도 그 단어를 말하면 그때의 기억이 생각날 정도로 '尴尬'이라는 단어는 나에게 특별한 단어가 되었다. 그동안 내가 공부를 하면서 그때만큼 단어의 뜻이 한 번에 와닿은 적이 없었다.

경험을 통해 이해하는 것이 얼마나 중요한지 깨닫는 순간이었다. 의미를 이해하게 되니 바로 尴尬를 사용해서 참 많은 말을 할 수 있었다. 그렇게 외우기 힘들었던 단어였는데 내가 그 뜻을 경험하고 이해하면서 배우니 단어는 완전히 내 것이 되었다. 특히나 언어는 책으로만 배워서는 쉽게 다가오지 않는다. 언어를 사용하는 그 상황을 내가 직접 겪고 느꼈을 때 내가 그 단어, 문장을 더 정확하게 이해하고 사용할 수 있다. 이렇게 배워서 얻은 지식은 어떤 방법보다 더 기억에 오래 남는다.

그리고 또 다른 내가 경험해서 배운 중국어에 관한 에피소드가 있다. 그건 바로 상해 여행 때 게스트하우스에서 만난 중국 친구들과 중국식 마피아 게임을 했던 순간이다. 나는 당시 친구와 새해맞이 기념으로 상해 여행을 떠났다. 특히 유학생 때에는 저렴하기도 하고 다른 중국인, 그리고 외국인 친구들을 자연스럽게 만날 수 있어서 게스트하우스를 자주 이용했다. 그날도 그렇게 게스트하우스를 찾았고 체크인을 도와주는 직원분과 자연스럽게 대화를 하게 되었다. 그렇게 얘기를 하다 친해진 우리는 이따 괜찮으면 같이 게임을 하자는 초대를 받았다.

친구와 저녁을 먹으러 나가기 전 여유시간에 아까 초대받은 것도 있고 다른 여행자들을 만나볼 겸 공용공간에 찾아갔다. 그 공간에는 이미 7~8명의 사람이 있었다. 외국인은 나와 친구 둘뿐이었다. 우리 둘 다 당시 중국어 고급반에서 수업을 들을 정도라 중국어로 소통하는 데는 큰 문제가 없었다. 중국어로 소통이 되는 한국인 유학생 두 명이 신기했는지 그 친구들은 우리에게 관심을 가지며 같이 게임을 하자고 제안했다.

당시 중국에서는 마피아 게임이 유행이었던 것 같다. 무슨 게임인지도 모르는 우리를 위해 게임 설명을 시작으로 차근차근 게임이 진행되었다. 처음에는 게임을 이해하기 바빠서 별생각을 못 했는데 나중에서야 한국의 마피아 게임이랑 비슷하다는 사실을 깨달았다. 그렇게 우리는 갑작스럽지만 내가 나쁜 사람이 아니라는 것을 중국어로 설명하고 다른 사람들을 설득시켜야 하는 게임에 참여하게 되었다. 아마 유학 생활 중에서 중국어가 최고로 어려운 순간이었던 것 같다.

논리적으로 말을 해야 이기는 게임에 중국어로 말을 해야 하는 그 상황이 신기하기도 하고 재미있었다.(물론 내 말에는 아무 논리가 없었다.) 게임은 한 사람씩 자기 의견을 말하고 내 의견에 대한 상대방의 반박에 대응하면서 진행된다. 이왕 게임에 참여하게 되었으니 이기고 싶은 맘은 당연했다. 그래서 나는 게임이 진행되는 동안 내 전 사람이 어떤 단어들을 쓰고 어떻게 표현하는지를 기억했다가 그대로 따라 말하기 바빴다. 그 자리에서는 앞서 말한 사람들의 표현들을 따라말하는 것도 쉽지 않았지만 그곳에서 의견을 말하는 수많은 표현들을 경험하며 그 이후 나는 점점 더 내 의견을 말하는것이 자연스러워 졌고, 그 경험들이 쌓여 나는 이후 중국어로 내 의견을 말할 때 적어도 내 의견이 아무 맥락이 없다는 소리를 들은 적은 없었다. 또한, 중국에서 생활하면서 많은 음식을 접하고 먹어보면서 관련 단어들을 배우고 익힐 수 있었다. 나는 특히 마라샹궈(麻辣香锅; 중국 사천 지방에서 유래된 요리로, 마라 소스에 취향에 맞는 음식 재료를 넣어 볶아 만든 요리)처럼 재료를 스스로 선택할 수 있는 음식을 좋아한다. 그러다 보니 메뉴판에 적힌 수많은 단어를 열심히 고르고 먹어보며 내가 좋아하는 음식 재료와 피해야 할 위험(?) 재료들을 배웠다. 그리고 메뉴판에 내가 좋아하는 재료가 안 보이면 주문할 때 이 재료는 없냐고 물어볼 수 있는 정도의 실전 중국어를 마스터할 수 있었다.

얼마 전 나는 내가 유학에서 사용하던 중국어 책들을 다시 보게 되었다. 제일 높은 수준의 중국어 자격증을 가지고 있는 지금의 내가 봐도 쉽지 않은 내용들인데 아무것도 모르던 내가 열심히 그리고 또 재밌게 배우고 내 것으로 만들기 위해 노력했다는 것에 뿌듯함이 느껴졌다. 나는 이처럼 배움을 내 것으로 만들 수 있는 환경을 정말 열심히 즐기고 이용했다. 그리고 직접 경험한다는 게 얼마나 중요한 것인지 깨닫게 되었다. 배우고 직접 경험해봐야 내 것이 된다. 그래서 나는 유학에서의 배움이 너무 즐거웠고 소중하다.

06

누구나 배운다,
다만 실천하는 사람은 적다

지금은 너무 쉽고 다양하게 배우는 방법들이 존재한다. 나처럼 유학을 떠날 수도 있고, 다양한 매체를 통해서 배우는 사람들도 있다. 특히 온라인상의 질 높은 정보들은 하루에도 수없이 새롭게 넘쳐난다. 이런 정보의 홍수 속에서 누구나 쉽게 배울 수 있다. 하지만 내가 경험한 바로는 배움보다 더 중요한 건 얼마나 꾸준히 실천하느냐는 것이다.

유학은 쉽지 않은 결정이다. 그리고 누군가에게는 평생 꿈꾸던 일일 수도 있다. 그러니 유학을 준비하다 보면 가서 누구보다 열심히 공부해야 한다고 수도 없이 듣고 배운다. 나도 그랬다. 그 말을 들은 나와 같은 많은 유학생들은 열의에 가득 차 새로운 다이어리와 함께 근사한 계획과 목표를 열심히 적는다. 하지만 그 다이어리의 끝 페이지를 넘기는 사람은 많지 않다. 그래서 나는 그 끝 페이지를 넘겼을 때 얼마나 큰 변화가 오는지를 말하고 싶다. 그리고 나는 그것을 내가 경험했던 유학에서의 수업 환경을 통해 생생하게 느꼈었다.

중국 대학, 특히 유명한 명문 대학교에는 한국인 유학생들이 정말 많다. 한 반에 반 이상이 한국인인 경우도 허다하다. 그래서 많은 유학생들이 이 부분에 대해 아쉬워한다. 이 부분에 아쉬움을 가지고 있는 분들에게 여기서 나는 내가 어학연수를 하며 깨달은 팁을 알려주고자 한다. 이것만 잘 지키면 한국인 비율이 적은 환경을 자연스럽게 만날 수 있게 된다.

매 학기 첫 수업에는 항상 의자가 부족하다. 이렇게 많은 학생이 신청했는데 왜 의자를 이렇게밖에 준비 안 했을까 의문이 든다. 하지만 학기가 시작되면 그 이유를 알 수 있다. 첫 수업 열기 가득했던 학생들은 한 주 한 주 지나고 적응해갈수록 긴장이 풀리고 하나씩 과정을 이탈한다. 어학연수는 사실 본과생이나 교환학생이 하는 과정이랑은 다르다. 중국어를 배우려고 온 목적은 같지만 가장 자유로운 상황에서 공부를 한다. 본과생처럼 졸업을 걱정해야 하는 부분도 없고 교환학생처럼 출석률과 시험 등 학점을 걱정해야 하는 부분이 없다. 물론 어학연수 과정도 출석률 관리가 이뤄지고 있기는 하지만 아무래도 다른 과정에 비해 자유로운 것은 사실이다. 그래서 점차 중국 생활이 익숙해지고 유흥을 즐기게 되면서 학기 말이 되면 될수록 참석률이 현저하게 떨어진다. 의자가 모자랄 정도로 가득 찬 첫 수업 교실의 모습은 언제 그랬냐는 듯 넓고 쾌적해진다. 그리고 가장 많은 한국 학생들 비율도 자연스럽게 낮아진다. 그래서 나는 어학연수의 꿀팁을 바로 '학기 말까지 수업 계속 나가기'라고 말해주고 싶다.

생각보다 재미없는 팁일 테지만 사실 이게 말처럼 쉬운 일이 아니다. 유학 시절 내 이야기를 하면서 가장 자신 있게 자랑하고 싶은 점은 나는 수업 참석률이 굉장히 높았다는 것이다. 어학연수를 경험했다면 앞서 말한 것처럼 이게 생각보다 쉬운 일이 아니라는 것을 공감할 수 있을 것이다. 나에게도 유학이 쉽지 않은 선택이었다. 그래서 가서 정말 열심히 결과를 내어야 한다고 내 스스로를 열심히 가르쳤다. 그리고 나는 그 배움을 끝까지 실천해 학기 말, 그 많던 한국인들이 다 사라지고 반에서 나

혼자 한국인인 환경에서도 수업을 들어봤다. 학기 말에는 수업에 익숙해져서 질문들이 자연스럽게 많아진다. 그리고 소수의 정원에서 (간혹 한국인이 나 혼자인 경우도 있었다.) 다양한 질문을 더 많이 하고 받으며 내가 한국의 모습을 대표로 말할 수 있는 기회는 정말 새롭고 뿌듯한 경험이다. 물론 모든 환경이 이렇다고 확신할 수는 없지만 적어도 내가 경험한 1년은 그랬다. 그래서 나는 특히나 유학에서 더 실천하는 사람이 되라고 말하고 싶다.

친구들과 사이좋게 지내기. 내가 먼저 다가가기. 상대방의 입장이 되어 생각하기. 우리가 어렸을 때부터 사람들과 어울리기 위해서 해야 한다고 계속 배운 것들이다. 하지만 많은 사람들을 만나고 상대하면서 이것을 계속 실천하고 유지하기는 쉽지 않다. 더욱이 서로 20년 넘게 다르게 살아온 각국 사람들이 만났을 때는 더더욱 어렵기 마련이다. 하지만 나는 그 어느 때보다 이 기본적인 배움을 실천해나가며 내 두려움을 극복했다.

내가 속해 있던 반은 특히나 외국인 국가 비율이 다양했다. 전교에 딱 한 명인 네덜란드 유학생이 바로 우리 반인 걸 보면 나는 늘 말하지만,

운이 좋은 사람이다. 더군다나 우리 반 친구들은 모두 '이 순간, 그리고 지금' 만난 인연들을 소중하게 생각할 줄 아는 사람들이었다. 그런 사람들과 함께할 수 있음에 정말 감사할 따름이다.

나는 특히 우리 반 네덜란드 친구 몽보와 너무 친해지고 싶었다. 내가 늘 상상하던 키가 크고(몽보의 키는 190이다.) 금발 머리에 파란 눈을 가진 친구가 너무 신기했었다. 하지만 몽보는 처음에 자신만의 선이 있는 친구였다. 아무래도 문화적인 차이도 있고, 첫 학기니까 조심스러운 부분도 있겠다 싶어 다른 친구들과 먼저 친해지면서 반 분위기를 좀 더 가깝게 만들기 위한 노력을 했다. 그렇게 나는 매일 새로운 반 친구 한두 명씩과 점심을 먹기 시작했다. 그렇게 점차 모든 반 친구들과 익숙해질 때쯤 드디어 내 제안에 따른 반 친구들 대부분이 참석하는 술자리가 만들어졌다. 아마 그 자리가 본격적인 우리 반을 만들어준 시작인 것 같다.

누구 한 명이 주도하지 않는 이상 사실 이런 자리는 만들어지는 게 쉽지 않다. 다들 아마 누군가 해주면 좋겠다는 생각을 하고 있었겠지만 나서기는 쉽지 않다. 나도 원래 주도하는 사람이 아닌 의견을 따르는 사람이다. 하지만 여기에서 나는 달랐다. 적극성의 필요성을 배웠고 나는 실천했다. 그리고 나는 수많은 추억을 얻었다.

특히 기억에 남은 것 중 하나는 반 친구들과 다 같이 마작을 하러 간 일이다. 나는 마작(중국에서 시작된 놀이이며 136개의 패를 가지고 여러 모양으로 짝짓기하여 승패를 겨루는 실내 오락)을 중국에 와서 처음 배웠다. 친한 한국인 언니가 중국에서 마작 세트를 샀고, 방에 초대해 마작하는 법을 알려줬다. 처음 해본 마작이었지만 나는 마작에 완전히 빠져버렸다. 그리고 나는 마작 방에 눈을 떴다. 마작 방에는 방마다 마작 기계가 있다. 마작 기계는 자동으로 마작 패들을 섞고 정리해주며 정말 마작을 즐기기 위한 최적의 환경을 제공한다. 이런 신기하고 재밌는 것을 알아낸 나는 다음날 바로 마작 방에 갔고 내가 찍은 마작 방 동영상을 바로 반 친구들에 자랑했다. 내 호들갑에 넘어간 친구들을 모아 총 8명의 친구를 이끌고 그다음 날 바로 우리는 마작 방에 갔다. 마작 방에서 각국의 유학생 8명이 장장 4시간 동안 다들 마작에 미쳐 게임을 했던 기억을 지금 떠올려보면 너무 웃기고 신기하다.

나는 유학을 떠나기 전 검색을 통해 수많은 유학 '꿀팁'들을 찾기 위해 노력했다. 하지만 내가 찾은 내용은 모두 다양한 친구들 많이 만나기, 수업 적극적으로 참여하기 등의 그야말로 뻔한 내용이었다. 하지만 나는 그것들을 열심히 실천했다. 실천함으로 인해서 나는 정말 다양한 지식과 경험 그리고 특별한 추억들을 얻을 수 있었다. 유학 생활에서는 더 많이 움직이며 실천하는 사람이 더 많이 가져간다. 그리고 혼자하기가 어렵다면 내 곁에서 같이 행동해줄 수 있는 사람들을 찾으라고 말하고 싶다. 내가 사귄 많은 친구들은 모두 어울림을 좋아하는 사람들이었다. 본인이 먼저 다가가며 사람들과 어울리는 것을 두려워 하지 않는 실천하는 사람들이었다. 옆에 이러한 지원군들이 있으니 나도 더 용감하게 실천할 수 있었다. 그리고 내가 이렇게 행동할 수 있게 해준 친구들을 만났다는 건 정말 큰 행운이고 정말 감사하다. 마음이 통하는 친구들과 함께함에 나는 완벽한 상황 안에서 적극적으로 실천할 수 있었다. 그래서 누구보다 후회 없는 경험을 많이 할 수 있었다.

07

그곳에서만
배울 수 있는 것이 있다

나는 그곳에서만 배울 수 있는, 직접 가봐야지만 느낄 수 있는 것이 있다고 분명 확신하다. 그리고 그것들을 통해 나는 진짜 중국에서의 실전 중국어를 배울 수 있었다. 중국에서 내가 가장 크게 느낀 부분은 학교에서 배우는 중국어와 실제 중국에서 사용하는 중국어는 분명 차이가 있다는 것이다. 아무래도 중국어를 한국에서 배우게 되면 가르쳐주시는 선생님의 기준과 습관에 따라 표현법과 단어를 배울 수밖에 없다. 특히 중국은 지역별로 사용하는 표현법이 너무나도 다르다. 만약 한 사람의 선생님에게만 수업을 듣는다면 다른 지역의 특색이나 표현 방식 등을 배울 기회가 적다. 그리고 설령 배운다고 하더라도 정확하게 배우지 못할 수도 있다는 것이다.

　나는 대학에서 처음 화장실이라는 단어를 배울 때 '洗手间', '厕所'라는 두 가지 표현을 배웠다. 내가 배운 바로는 '洗手间'이 대중적으로 사용하는 말이고 '厕所'라는 말은 지금 거의 사용하지 않는다고 배웠다. 그래서 나는 화장실을 말할 때 늘 '洗手间', 이렇게만 표현했다. 하지만 내가 실제 중국에 가서 중국 친구들이랑 얘기했을 때 생각보다 '厕所'라는 단어를 더 많이 사용했다. 그리고 친구들은 이 단어도 자주 사용되는 단어라고 말했다. 만약 내가 한국에서만 있었다면 나는 계속 화장실이라는 단어는 하나뿐이라고 생각했을 것이다. 이런 경험을 통해 나는 언어를 배울 때는 다양한 사람들을 통해서 배워야 한다는 것을 크게 느꼈다. 특히 중국과 같이 지역별로 언어 방식의 차이가 큰 지역이라면 더더욱! 그래서 나는 첫 학기는 북쪽에서 다음 학기는 남쪽에서 공부하며 다양한 표현 방식, 그리고 단어들을 배울 수 있었다. 그리고 나는 언어는 그 나라에서 직접 듣고 배워야 가장 정확하게 그리고 자연스럽게 배울 수 있다고 확신한다.

　또 내가 말하고 싶은 그곳에서만 배울 수 있는 것은 바로 그 나라의 분위기이다. 대부분의 사람들이 중국이라는 나라를 선호하는 편은 아니라고 생각한다. 하지만 나와 같이 중국에서 유학을 했거나 오래 중국을 경험해본 사람들과 얘기하다 보면 그 사람들은 모두 중국을 많이 좋아하고 또 그리워한다. 나는 그 차이는 바로 중국에서만 느낄 수 있는 중국의 진짜 모습들을 알고 있는지에서 나온다고 생각한다. 특히 나는 내가 다니던 중국 대학의 교정을 너무 좋아했다. 나는 캠퍼스에 대한 로망이 있다. 넓은 잔디밭과 푸른 나무들이 우거진 곳에서 수업을 듣고 산책을 하는 대학 생활. 하지만 나는 한국에서 캠퍼스라고 하기에는, 다소 애매한 도심 속 한가운데 있는 대학을 나왔기 때문에 그렇게 넓고 나무와 꽃이 많은 캠퍼스가 너무 좋았다. 특히 내가 다닌 학교는 중국 내에서도 캠퍼스가 큰 학교들이었다. 중국 캠퍼스의 초록빛 가득한 특유의 여유로운 분위기를 느끼며 나는 매일같이 구석구석을 돌아다녔다. 중국 학생들이 수업하는 곳도 몰래 들어가보고, 도서관, 학교 식당, 운동장 모두 구경하면서 중국을 보고 느꼈던 것 같다. 이 모든 풍경과 분위기를 직접 보고, 즐기면서 이 나라를 정말 제대로 느끼고 이해할 수 있었다.

또한, 1년 동안 중국에서 지내면서 겪은 다양한 중국 명절들도 나의 중국에 대한 기억을 더 특별하게 만들어주었다. 특히 나는 중국의 단오절을 좋아한다. 지금 한국에서 단오는 큰 명절이 아니지만, 중국은 아직 단오절을 챙긴다. 특히 단오절 풍습 중에 단오절에 산 오색 팔찌를 그 이후 처음 비가 오는 날 빗속에 버리면 모든 악운을 쫓는다는 풍습이 있다. 그래서 단오절 거리에는 각각의 오색 팔찌를 파는 모습을 쉽게 볼 수 있다. 학교 안에서도 팔찌를 파는 분들이 많이 계셨는데 초록색이 가득한 학교 거리에 각양각색의 팔찌들이 널려 있던 모습이 너무 예쁘게 기억에 남는다. 이처럼 중국의 진짜 모습을 느낄 수 있었던 그런 기억들이 중국을 이렇게나 좋아하는 지금의 나를 만들었다.

그리고 또 하나의 내가 중국에 애정을 가질 수 이유는 내가 만난 많은 중국인으로부터 받은 많은 환대와 정을 잊지 못하기 때문이다. 유학 생생할 기숙사에는 늘 기숙사 경비원이신 슈슈(叔叔; 아저씨를 뜻하는 중국어 단어. '슈슈'라고 발음한다.)와 청소를 도와주시는 아이(阿姨; 아주머니를 뜻하는 중국어 단어. '아이'라고 발음한다.)가 계신다. 나는 그분들과 종종 수다를 떨다 보니 아무래도 더 가깝게 지낼 수 있었다. 그러다 보니 그분들도 나를 서서히 기억하셨고 기숙사를 지나다닐 때 항상 반갑게 맞아주셨다. 특히 두 분 모두 내가 어디 나갈 때마다 '지갑은 잘 챙겼느냐, 차 조심해라, 길 조심해라.' 등의 애정 어린 관심을 많이 주셨다. 덕분에 타지에서 생활하면서 늘 따듯한 마음으로 기숙사에 돌아올 수 있었다.

특히 마지막 학기를 끝내고 친구와 칭다오 여행 후 한국으로 돌아가기로 했던 그날이 참 많이 기억에 남는다. 한 학기의 짐을 다 챙기고 칭다오 여행을 위해 손에는 큰 캐리어를, 등에는 터질 듯한 백팩을 멘 채 기숙사 문을 나섰다. 떠나기 전 슈슈와 아이께 마지막으로 인사를 하고 기차역에 가기 위해 문을 나섰다. 두 분은 마지막까지 짐은 다 잘 챙겼는지, 이 큰 짐을 들고 힘들지 않겠냐고 끝없이 챙겨주셨다.

그때 나는 저녁 기차를 타야 해서 기차에서 편하게 자려고 잠옷을 입고 나왔다. 그런데 그게 좀 얇아 보였는지 아이께서 선뜻 자신의 두꺼운 바지를 입고 가라고 내주시기도 하며 마치 친딸처럼 챙겨주셨다. 내가 지내던 기숙사는 학교 안쪽에 있어서 기숙사 바로 앞까지 택시가 오지 않았다. 택시를 타기 위해서는 학교 교문 앞까지 나가야 했다. 그 큰 짐들을 끌고 가야 할 우리가 여전히 걱정되셨는지 결국 슈슈께서 직접 자신의 차로 우리를 교문 앞까지 태워다 주셨다. 그리고 기차역까지 가는 택시까지 불러주시며 그 큰 짐들을 택시에 다 챙겨주시고 택시 기사님께

끝까지 신신당부하시면서 잘 부탁한다고 말씀해주시는 모습을 보면서 울컥하기도 했다.

그 밖에도 그 지역 꽤 유명한 중찬 식당을, 수업 후 친구들과 함께 찾아간 날의 기억도 있다. 차도 막히고 꽤 거리가 있는 곳이라 늦은 시간에 식당에 도착했다. 부랴부랴 찾아간 음식점은 이미 마감 정리를 하고 있었다. 그런데 사장님께서 우리가 한국인 유학생들인 것을 알고 멀리서 찾아왔다고 우리를 위해 특별히 음식을 만들어주셨다. '韩国朋友们(한국 친구들)이라고 우리를 칭해주시며 아무도 없는 가게에서 정말 우리를 위해 다시 음식을 준비하고 만들어주시는 모습을 보면서 중국의 정을 느낄 수 있었다. 그렇게 친구들과 너무 맛있게, 그리고 기분 좋게 식사를 할 수 있었다. 그 이후로도 몇 번 더 방문했는데 사장님은 우리를 기억하고 늘 반갑게 맞이해주셨다.

이렇게 나는 중국에서만 느낄 수 있는 중국의 정과 문화를 느끼며 배우며 1년 동안 그 어느 때보다 많은 사랑과 챙김을 받았다. 그렇게 생활을 했으니 중국을 어찌 안 좋아할 수 있을까. 물론 내 경우가 특별한 경우일 수도 있다. 중국에서 생활하면서 안 좋은 경험을 겪은 사람들도 분명 있을 것이다. 내 주변만 봐도 그런 경험만을 듣고 중국을 안 좋게 생각하는 사람들이 많다. 특히 지금 우리가 겪고 있는 많은 상황으로 더욱 더 부정적으로 보는 사람들이 있다. 내가 여기서 말하고자 하는 것은 모든 것을 좋아하라는 것이 아니다. 그저 밖에서는 느끼기 어려운, 중국 그곳에서만 배울 수 있는 중국의 매력들이 분명 있다는 것을 말하고 싶다. 그리고 그것을 아는 사람으로서 그런 중국의 매력을 좀 더 많은 사람이 알았으면 좋겠다.

김은서

김은서

김은서

3장

유학은
종합선물
세트이다

01

매주 금요일 암호는
'한잔하러 갈래?'

　나는 맥주의 참맛을 중국에서 알게 되었다. 그 당시만 해도 국내 맥주 종류는 지금처럼 다양하지 않았다. 그러나 중국은 각 지역별 맥주가 있을 정도로 맥주에 진심인 나라이다. 그래서 나는 중국에서 수많은 맥주들을 보고 더 호기심을 느낄 수 있었던 것 같다. 그뿐만 아니라 내가 생활했을 당시 슈퍼에서 사 먹는 대부분의 맥주 한 병은 한화 1,000원을 안 넘는 가격이었다. 이렇게 다양한 종류의 맛있는 맥주가 물값과 가격이 거의 비슷하다 보니 여름에는 정말 물 대신 맥주를 더 많이 마시기도 한 것 같다. 그러다 보니 어느새 '무슨 맛으로 맥주를 먹지.'라고 생각하던 내가 시원한 맥주 한 모금의 행복을 아는 사람이 되었다. 그렇게 술 그리고 특히 맥주를 좋아하게 된 나에게 중국은 정말 최적의 장소가 아니었을까 싶다.

나도 한국인이지만, 세 번의 유학 경험을 통해서 한국인들이 특히나 더 술을 좋아하는 것 같다고 느꼈다. 어디서나 항상 먼저 술자리를 주도하는 건 한국인이다. 그리고 모두 한국인의 술 사랑에 혀를 내두른다. (내가 술을 좋아하기 때문에 내 주변에도 술을 좋아하는 친구들이 많아서일 것 같기도 하다.) 그러니 나는 늘 금요일 수업이 끝나는 날을 기다렸던 것 같다. 나뿐만 아니라 모두에게 금요일은 즐겁다. 월요일 오전 8시부터 오후 수업을 열심히 듣고 드디어 금요일 마지막 수업이 시작되면 그 어느 때보다 활기가 돈다. 그 당시 나의 금요일의 인사는 "안녕!"이 아니라, "오늘 끝나고 뭐 해?"로 시작된다.

특히 당시 내가 자주 가던 술집(HELEN BAR. 그 당시 헬렌 바를 모르는 우리 학교 유학생은 없었다고 확신한다.)에는 늘 외국인 유학생들로 가득 차 있었다. 수업에서는 잘 안 보이지만 헬렌에서는 자주 보이는 친구들도 있을 정도로 헬렌은 또 다른 교실이라고 불렸다. 나 또한 매주 금요일 열심히 헬렌으로 출석 도장을 찍으러 갔다. 매번 학교, 수업에서만 보던 친구들을 조금 더 자유로운 곳에서 만나는 새로움. 그 설렘과 더불어 술이 불러다 준 흥겨움은 사람과 사람을 더 가깝게 만들어준다. 같은 목표를 가진 다양한 국적의 사람들과 타지 생활에 대한 공감을 얻고, 다같이 웃고 즐길 수 있는 자리. 서로 속 깊은 이야기를 많이 한 것은 아니지만 그 자리를 통해 서로에 대해 점차 알아가고, 유학 생활의 즐거움을 깨닫게 되었던 것 같다. 나는 특히 그 자리에서 우리 반 친구들이랑 노는 게 너무 좋았다. 그러니 한 명이라도 더 불러서 같이 놀고 싶었기 때문에 매주 금요일 오후 수업 마지막 교시에는 쪽지가 돌기 시작한다. 그렇게 쪽지가 다 돌고 나면 수업이 끝난다. 그리고 우리는 기숙사로 돌아가면서 외친다. "이따 헬렌에서 만나!"

헬렌에서 술을 마시다 보면 한자리에서 술을 마신 적이 거의 없는 것 같다. 사람들 모두 흥에 취해 있고, 누가 어디 앉는지는 신경 쓰지 않는 듯했다. 그저 빈자리가 있으면 같이 앉아서 '짠'하는 게 익숙한 곳이었다. 처음에는 이런 자리가 어색했다. 어느새 우리 테이블에 와 있는 이 사람들이 누군가 했지만 알고 보니 누구의 친구, 누구의 친구였고 결국은 내 친구가 된다. 나는 헬렌에서 학교의 다양한 유학생들과 더불어 주변에서 일하고 있는 다양한 외국인들을 많이 만났다. 우리 반 친구들만 해도 러시아, 네덜란드, 일본, 태국, 미국, 그리고 한국처럼 수많은 국가가 있었기 때문에 한 반에서 다 같이 놀러 오기만 해도 글로벌한 자리가 만들어진다. 나는 그곳에서 정말 다양한 나라의 사람들과 함께 매주 불타는 금요일을 즐길 수 있었다.

또한 나는 이런 불타는 금요일을 통해서 중국의 술자리 문화에 대해서도 많이 배우고 경험할 수 있었다. 어느 날, 헬렌에서 같이 술을 마시게 된 친구들이 건배할 때 잔끼리 부딪히는 게 아닌 바닥에 부딪히는 모습을 보았다. 중국에도 건배하는 문화가 있고 건배를 자주 하기에 잔끼리 부딪히는 모습은 자주 보았다. 하지만 잔을 바닥에 부딪히는 것은 처음 보는 모습이라 바로 그게 무슨 의미냐고 물어봤다. 당시 같이 술을 마시던 중국인 친구들이 이야기해줬던 말이다. 중국은 식사 자리나 술자리를 대부분 많은 사람과 함께 즐긴다. 그리고 아마 한 번쯤은 봤을 듯한 중국식의 돌아가는 동그란 테이블에서 주로 식사가 이뤄진다. 그러다 보니 반대편의 사람과는 '짠'을 하기가 어렵다. 그래서 생겨난 게 잔끼리 부딪치는 게 아닌 잔을 바닥에다 부딪혀 '짠'을 하는 방식이라고 했다. 눈을 마주치고 잔을 들어 소리를 내는 것도 또 다른 건배 방식인 것을 이때 듣고 보게 되면서 중국에 대해서 또다시 배울 수 있었다.

이렇게 나는 술자리에서 매주 누구보다 재밌게 정말 많은 새로운 것들을 배울 수 있었다. 가장 먼저는 새로운 사람들을 만나고 또 어울렸다는 것이다. 특히 학교에서보다 헬렌에서 더 자주 만나며 친해진 우즈베키스탄 친구 리깡이 기억에 남는다. 나는 리깡이랑 친해지고 덕분에 수많은 스탄 나라의 친구와도 친해질 수 있었다. 언젠가 리깡이 같이 산책하자고 불러서 나가게 되었는데 리깡이 자기 친구들 5~6명을 불러두고 같이 산책하는 자리였다. 그렇게 어쩌다 보니 다양한 스탄(우즈베키스탄, 파키스탄, 타지키스탄 등의 다 기억하기도 어려운 다양한 스탄 국가들) 친구들과 친해질 기회가 만들어졌다. 그러면서 나는 이전에 생각도 못 해본 다양한 스탄 국가들에 대해 조금 더 알게 되었다. 스탄 국가 문화 중에는 돼지고기를 안 먹는다는 것이 있다는 것도 처음 알았고, 금식하는 기간이 있다는 것도 친구들을 통해 알게 되었다. 이러한 기회들로부터 재미있게 각 나라의 이야기를 들으며 문화도 배울 수 있었다. 더불어 이렇게 새로운 사람들을 만나는 내내 중국어를 사용하며 소통을 하다 보니 자연스럽게 중국어 수준도 늘릴 수 있었다. 아마 내 중국어 실력은 이때팔 할이 완성되지 않았나 싶다. 이때만큼 중국어로 신나게 말하던 때가 없을 정도로 나는 여기서 정말 많은 얘기를 했고 추억을 만들었다.

02

나는 한 나라로
떠났을 뿐인데 전 세계를 만났다

지금 한국인으로서 살면서 북한 사람들을 만날 수 있는 기회가 과연 얼마나 될까? 나는 내가 유학으로 이렇게 많은 국가의 사람들을 만나게 될 줄 상상도 하지 못했다. 중국에서의 1년 그리고 필리핀에서의 4개월 동안 나는 정말 다양한 국적의 친구들을 만났다. 비교적 많이 접하고 익숙한 나라의 일본, 대만, 태국 등의 친구들부터, 정말 생각해보지 못한 국가인 마다가스카르, 다양한 스탄 국가들 그리고 북한까지. 특히나 북한 친구들을 만나볼 기회가 중국에서 있었다는 게 지금도 놀랍다.

나는 제일 먼저 북한 친구들에 관해서 이야기를 해보고 싶다. 사실 그 친구들은 우리와 같은 언어를 쓰는 가장 가까운 사람들이다. 하지만 여행을 가고 싶다고 갈 수 있는 곳도 아니고, 지금과 같은 글로벌 세상에서 간접적으로도 만나기 어렵다. 그런 북한 사람을 나는 중국에서 만나잠시나마 얘기도 할 수 있었다. 정말 상상도 해보지 못한 북한이라는 나라의 친구들과 만나고 한 공간에서 생활했다는 게 지금에서야 더 실감이 나는 것 같다. 그들은 항상 무표정한 얼굴을 하고 무리를 지어 행동했다. 늘 단정한 차림의 옷에는 항상 북한 국기가 달려 있었다. 딱 봤을 때정말 흐트러짐 없는 모습이었다. 나는 생전 처음 만난 북한 사람이 너무궁금했다. 맨 처음 학교 입학식을 끝내고 다 같이 학교 투어를 했을 당시내 옆에 있던 또래의 친구가 북한 사람이라는 것을 알게 되었다. 당시 모든 외국인과 다 친해지고 싶었던 나는 아마 '안녕하세요! 북한 사람이에요?'라고 말을 걸었던 듯하다. 나는 더 말을 해보고 싶었지만, 그분은 살며시 자리를 피했다. 들리는 말에 의하면 그들은 말과 행동을 늘 조심해야 한다고 했다. 그래서 나는 그 이후 그 친구들에게 더 이상 말을 걸거나 관심을 표하지 않았다. 그들은 같은 기숙사를 사용했지만 한 번도 수업에서 만난 적이 없었다. 가끔 자기들끼리 족구나 배구 같은 운동을 하는 모습은 봤지만, 수업은 물론이고 따로 밖에서 자유롭게 돌아다니는모습 또한 본 적이 없다. 맨 처음 말을 걸어본 것이 전부여서 한편으로는 굉장히 아쉽기도 하다. 그래도 내 또래의 북한 사람들을 가까이서 만나 봤다는 것은 참 의미 있는 경험이었다.

그리고 또 기억에 남는 친구 중 한 명은 첫 학기에 만난 마다가스카르의 친구 라리샤이다. 나는 마다가스카르라는 나라를 〈정글의 법칙〉이라는 한 TV 프로그램을 통해서 처음 들어보았다. 내가 기억하는 그곳은 아프리카의 멋진 풍경과 더불어 태초의 자연의 모습을 그대로 간직하고 있는 나라였다. 예쁜 곱슬머리에 까만 피부가 정말 잘 어울리던 라리샤의 모습은 그 나라의 분위기를 잘 나타내주는 듯했다. 나는 라리샤와 아주 가깝게 지낸 것은 아니었지만 라리샤를 특히 기억하는 이유가 있다. 나는 다음 학기에 첫 학기에 지내던 도시를 떠나 다른 학교로 갔었고 라리샤는 그 학교에 여전히 남아 있었다. 두 번째 학기 중에 나는 첫 학기의 도시로 여행을 간 적이 있다. 그때 당연히 라리샤에게도 연락을 했고 학교 안에서 우리는 다시 만나게 되었다. 오랜만에 만났지만 만나자마자 서로 안아주며 반갑게 인사를 했다. 어색함이라고는 전혀 없이 여전히 다정하게 안아주던 그때의 기억이 너무 좋아서일까 라리샤도 내게 기억에 많이 남는 친구이다. 그 이후 우리는 모두 각자의 나라로 돌아가고 SNS를 통해 근근이 소식을 접한다. 가끔 올라오는 마다가스카르에서의 라리샤의 모습을 보면 이렇게 먼 나라의 친구들과 한곳에서 지냈다는 게 새삼 놀랍다.

그리고 나의 또 한 명의 우즈베키스탄 친구 아밍의 생일파티를 통해서 느낀 전 세계를 이야기해보고자 한다. 그날은 아밍의 생일이었다. 아밍은 방에서 맛있는 음식을 만들어 먹는다고 나와 내 친구들을 초대했다. 나는 사실 간단한 간식 같은 음식을 준비했겠거니 생각했지만 내 앞에 차려져 있는 음식들은 정말 처음 본 음식들이었지만 딱 봐도 정성이 가득 들어간 한상차림이었다! 노란색 볶음밥, 생선 튀김 요리 그리고 하얀 알갱이의 디저트 등 한 번도 본 적도, 맡아본 적도 없는 향과 모양의 음식에 쉽게 손이 가지는 않았다. 하지만 고수를 못 먹는 우리를 위해 고수가 들어가지 않은 음식을 따로 준비해준 정성에 도저히 안 먹어 볼 수가 없었다. 그렇게 용기를 내 한입을 먹어봤는데 생각과 다르게 정말 맛있었고 배부르게 잘 먹은 기억이 난다. 음식을 준비해준 메인 요리사는 아밍의 파키스탄 친구였고 어떤 음식인지, 어떻게 만드는지도 자세하게 설명을 해줬다.

그 자리에는 한국인인 나와 내 친구들, 우즈베키스탄 아밍, 그리고 아밍의 다양한 스탄 국가 친구들, 그리고 독일 친구들까지, 연고도 없는 다양한 나라의 사람들이 한자리에 모여 있었다. 이렇게 다양한 국가의 사람들과 다 같이 소통할 수 있는 날이 과연 또 있을까? 그 당시도 물론이고 지금 현재 상황에서는 더더욱 함께했던 그 시간이 아직도 너무 신기하다.

나는 한 나라를 통해 전 세계를 만나고 경험했다. 같은 목표를 가지고 각국에서 온 그들로부터 나는 이 세상이 이렇게 넓고 다양한 곳이라는 것을 알게 되었다. 세상에는 정말 많은 나라의 사람들이 살고 있고 그들도 다 같은 사람이라는 것을 참 많이 느끼고 배웠다. 예전의 나의 세상은 한국이 전부였다. 아마 한국까지도 아닌 내가 알고 있는 그 세상이 전부였다. 하지만 나는 지금 다양한 친구들에게서 여러 가지를 듣고 느끼며, 많은 세상을 알게 되었고 전 세계를 꿈꾸며 살아간다. 유학의 가장 좋은 점을 한 가지 꼽으라면 나와 공통점이 있는 수많은 사람을 한 번에 그리고 쉽게 만날 수 있다는 것이다. 나의 사고가 바뀌고, 시야를 넓힌 그 첫걸음은 누가 뭐라 해도 유학으로부터 떼어졌다.

03

나와 같은
사람이 이렇게 많다니

나는 좋아하는 것이 정말 많다. 그리고 그중에 빠질 수 없는 것은, 바로 맑은 날씨, 술, 그리고 잔디밭이다. 그리고 호들갑 떠는 것을 좋아하는 나는 특히나 내가 좋아하는 것을 통해 함께 즐거움을 느낄 수 있을 때 가장 큰 행복함을 느낀다.

내가 중국에서 다닌 학교는 정말 크고 예쁜 교정을 가졌다. 북문에서 반대쪽인 남문을 가려면 적어도 20분은 걸어야 했다. 그 넓은 교정은 어디를 가든 푸른 잔디밭이 쉽게 보이고, 나무와 예쁜 꽃들도 가득하다. 그래서 특히 날이 좋은 날에는 한두 시간 동안 학교를 뱅뱅 돌기도 했다.

내 로망 중 하나는 학교 잔디밭에서 돗자리를 펴두고 친구들과 도란도란 이야기를 나누며 술을 마시는 것이었다. 그런 내가 학교에 잔디밭이 많은 것을 확인한 뒤 제일 먼저 한 일은 돗자리를 구매하는 것이었다. 그리고 아직 밖에서 놀기에는 날씨가 다 풀리지 않은 어느 봄날 나는 돗자리를 샀다며 반 친구들을 다 불러냈다. 다행히도 우리 반 친구들은 모두 이런 낭만(?)을 아는 사람들이었고 내 초대에 흔쾌히 응해주었다. 나는 고마움의 마음을 담아 한국 식당에서 전과 막걸리를 사와 준비했다. 그렇게 나는 같은 반의 한국, 태국 그리고 러시아 친구들과 함께 막걸리에 파전을 먹으며 다들 각자의 생각대로 가지고 있던 유학에서의 로망을 실현했다. 다들 내가 좋아하는 것을 좋아해주니 나는 더없이 행복했다. 그렇게 나는 날만 좋으면 돗자리를 들고 나왔다. 특히 나에게 너무 특별한 친구이자 한 학기 내내 짝꿍이었던 러시아 친구 까오팅도 돗자리를 펴두고 노는 것을 좋아했다. 따뜻한 햇살이 비치는 오후, 푸른 잔디에 내가 가장 좋아하는 내 짝꿍 까오팅과 가장 친했던 한국 친구, 이렇게 셋이 누워 파란 하늘을 보면서 함께 좋아하는 노래를 크게 부르고 놀던 그때는 정말 잊을 수 없는 순간이다.

그리고 나의 첫 학기 마지막 날. 그날도 역시 나는 돗자리와 함께했다.

너무도 친하게 지낸 가족 같은 반 친구들과 점심도 맛있게 먹고 오후에는 다 같이 마작을 했다. 온종일 즐겁게 놀고 기숙사로 돌아오는 길이었다. 처음 돗자리를 폈을 때만 해도 추웠던 날씨였는데 떠날 때가 되니 완전히 여름이었다. 그런데 유독 그날은 저녁 바람도 선선하고 덥지 않았다. 이런 날을 놓칠 수 없어 이미 늦은 시간이었지만 우리는 맥주를 사들고 돗자리를 폈다. 나는 당시 학기말 시험이 끝나는 바로 다음 날 비행기로 귀국했기 때문에 가장 먼저 중국을 떠나야 했다. 그래서 나의 마지막을 핑계로 모든 친구를 붙잡고 아침 비행기임에도 불구하고 새벽까지 맥주와 수다가 있는 시간을 보낼 수 있었다. 내가 만난 대부분의 친구들이 모두 내가 좋아하는 것들을 같이 좋아해주고 거기서 느끼는 즐거움을 같이 느낄 수 있다는 것이 놀랍고 또 감사할 뿐이다.

뿐만 아니라 내가 유학을 통해서 정말 많이 공감했던 것 중 하나는 유학생들을 보면 여행을 싫어하는 사람을 찾기 어렵다는 것이다. 나는 앞서 계속해서 말한 중국 유학과 더불어 필리핀에서도 4개월 정도 유학을 했다. 필리핀은 중국 유학과 같이 학습의 목표를 가지고 간 것이 아니었다. 필리핀 여행에서 졸업 후 본격적으로 취업에 들어가기에 앞서 다시금 새로운 환경을 만나고 싶었던 목표가 가장 컸다. 또한, 졸업 전 잠시

면세점에서 일하며 느낀 '기본 소통 언어는 영어'라는 점은 영어를 마냥 피할 수는 없겠다는 생각을 다시금 가지게 해주었다. 그래서 영어에 다시 재미를 붙이기 위한 목적도 있었다. 나는 졸업 후 바로 필리핀 세부로 떠났다. 대부분 어학연수로 유학 생활을 하게 되면 자유시간이 많다. 명절, 기념일이다 해서 무슨 행사가 있으면 수업은 휴강을 한다. 특히나 내가 간 중국과 필리핀 모두 연휴가 긴 편이었다. 큰 행사에는 최소 2~3일은 다 쉬는 듯했다. 그러다 보니 유학을 통해 정말 많은 자유시간을 가질 수 있었고 그 기회를 통해 나와 같은 사람들과 정말 많은 곳을 함께 다닐 수 있었다.

내가 유학 생활을 통해 만나본 친구들은 다들 못 가본 곳, 못 해본 것에 대한 후회가 없는 유학 생활을 원했다. 나 또한 '이왕 간 거 제대로 즐길 수 있는 건 다 해보자'와 같은 식의 사람이다. 근데 나 말고, 심지어는 나보다 더한 사람들이 이렇게나 많다니. 어떻게 이렇게 다 모였을까 싶을 정도로 나는 정말 내가 좋아하는 사람들을 유학으로 많이 또 다양하게 만났다. 그러니 어떻게 내가 유학을 안 좋아할 수가 있겠는가!

나에게 가장 기억에 남는 필리핀 여행지는 내가 생활하던 세부, 전 세계적으로 유명한 보라카이도 아닌 바로 카모테스라는 조그마한 섬이다. 나는 당시 친했던 대만, 일본, 한국 친구들이 섞인 16명의 대규모 인원과 이 섬으로 여행을 간 적이 있다. 카모테스 섬 안에서는 우리가 생각하는 택시, 버스 등의 대중교통 수단을 이용하기가 쉽지 않다. 그래서 배를 타고 지프니(필리핀식 버스라고 생각하면 이해하기 쉽다.)를 빌려 또 한참 들어가야 하는 이곳은 정말 필리핀에 있지 않았으면 가지 못했을 섬이다. 하지만 다들 카모테스에 별이 정말 많다는 그 한마디에 순식간에 여행을 계획했고 그렇게 적지 않은 인원들이 한마음으로 떠날 수 있었다. 그리고 나는 거기서 내 인생을 통틀어 가장 많은 별과 별똥별을 보게 되었다. 그렇게 행동력 있는, 그리고 또 여행의 낭만을 아는 사람들이 모여 있었기에 가능했던 일이라고 생각한다.

이러한 유학에서의 추억들은 나에게 너무나 소중하고 또 너무나 사랑하는 순간들이다. 그래서 나는 내 유학 생활에서의 사소한 기억들 모두 아직까지 생생하게 기억한다. 그리고 너무나 감사하게도 그곳에서 내가 만난 사람들은 모두 그때의 기억을 소중히 생각하는 사람들이다. 시간이 꽤 흐른 지금까지도 나는 꾸준히 각국의 친구들과 안부를 물으며 연락을 한다. 아마 지금 이러한 상황이 아니라면 나는 친구들을 만나러 이미 수

많은 국가를 다녔을 거로 생각한다. 자주 만나지는 못해도 언제든지 만나면 어색하지 않은 사람들이라는 게 정말 감사할 따름이다. 같이 호들갑을 떨면서 그때를 추억할 수 있는 이야기를 하고 또 하는 건 여전히 재미있다. 그래서일까? 시간이 꽤나 흐른 지금까지도 그때의 기억들을 떠올리면 나도 모르게 웃음이 나온다.

04

나는 완벽한
해외 체질입니다

"물갈이? 그게 뭐예요?" 나는 물갈이라는 단어를 유학을 다녀온 후 알게 되었다. 물갈이란 여행자에게 가장 흔한 질병 중 하나로, 음식이나 물이 맞지 않아 위경련, 설사, 발열 등의 증상이 나타나는 질병이다. 실제로 물갈이는 유학생들이 처음에 와서 막 생활을 시작할 때 가장 많이 겪는 증상 중의 하나이다. 새로운 환경, 음식, 그리고 날씨에 적응하는 것은 내 의지만으로는 쉽게 되지 않는다. 그래서 유학 도중 건강에 이상이 생겨 계획보다 일찍 귀국하는 경우가 꽤 있다. 다양한 계획과 목표를 다 실행해보지도 못하고 건강상의 문제로 어쩔 수 없이 돌아가야 하는 상황들을 마주해보니 그만큼 안타까운 상황이 없는 것 같다. 이런 물갈이는 다행히 나의 유학 생활에서는 전혀 해당이 없는 말이었다. 나는 새로운 환경에서 오히려 더 많은 에너지를 받고 그 어느 때보다 건강하게 지냈다.

나는 원체 몸무게가 크게 변동이 있는 편이 아니다. 저체중도, 과체중도 아닌 정상 범주의 몸무게를 특별한 노력 없이 잘 유지하면서 평생을 살아왔다. 그랬던 내가 과체중으로 넘어가는 시기가 있었는데 그 시기는 다 바로 유학 시절이었다. 중국에서도 그렇고 필리핀에서도 나는 유학을 통해 마주한 새로운 환경에 적응하지 못해 고생한 적이 없었다. 오히려 유학 기간에는 얼마나 즐겁게 잘 먹고 잘 지냈는지를 나타내듯이 살이 오른다. 하지만 물론 나도 맨 처음부터 바로 적응을 하는 것은 아니다. 딱 일주일. 일주일 적응 기간이 끝나면 잃었던 체력도, 입맛도 귀신같이 살아나다 못해 폭발한다. 나도 몰랐던 나의 적응력에 정말 감사하는 부분이다. 덕분에 유학 기간 나는 병원에 갈 만한 큰 탈 없이 건강하게 무사히 한국으로 돌아왔다. 물론 가벼운 몸살 등은 있었지만 챙겨간 약으로 충분히 회복할 수준이었다. 오히려 한국에 있을 때보다 덜 아프면 덜 아팠지, 더 아픈 적은 없었던 것 같다.

내가 이렇게 건강하게 잘 적응하고 생활할 수 있었던 이유 중 하나는 내 생활 습관이라고 자신한다. 그리고 이 책을 읽고 있을 유학을 준비하는 모든 분들에게 그 점을 꼭 당부하고 싶다. 내가 유학을 통해서 가장 잘 지킨 내 습관 중의 하나인 어디서든 스스로 잘 챙겨 먹기, 그게 내가 어디서든 건강하게 그리고 잘 지내는 비결이다.

대부분의 친구들은 아침잠을 위해 밥을 포기하곤 한다. 하지만 나는 잘 먹는 것에 대해 어려서부터 보고 배워서일까? 절대 끼니를 대충 때우지 않았다. 특히 나는 아침을 꼭 먹어 버릇해서 유학 생활에서도 8시 수업 전 간단하게라도 아침을 챙겨 먹었다. 정말 일어나기 힘든 아침은 바나나와 사과 같은 간단한 과일이라도 꼭 챙겨 먹고 수업에 갔다. 우리 엄마는 그런 날 보고 야무지게 혼자서도 이것저것 잘 챙겨 먹는다고 감탄했다. 또한, 나는 조금이라도 아프면 바로 약을 챙겨 먹고 쉬었다. 많은 경우를 보았지만 타지에서 아프면 나만 손해이다. 아무리 친구들이 있다고는 하지만 나를 계속해서 챙겨주고 도와주기는 힘들다. 그리고 특히 말도 안 통하는 병원에 가서 내 아픔을 설명하는 일은 정말 쉽지 않다. 그래서 나는 항상 아프지 않을 수는 없지만 덜 아프게, 심해지지 않도록 미리미리 내 몸을 챙겼다. 그래서 나는 언제나 좋은 컨디션을 가지고 생활하면서 더 많이 배우고 즐길 수 있었다. 그래서 유학에서 이 부분을 절대 소홀히 하지 말라고 당부하고 싶다.

이렇게 나의 습관과 노력이 빛을 발한 것과 더불어, 나의 타고난 해외 체질은 내가 유학에서 가장 소중하고 건강한 시간을 보낼 수 있게 만들었다. 나는 사실 변죽이 좋은 사람은 아닌 것 같다. 특히 대학 시절 나는 낯선 사람들과 함께하는 자리를 만들기보단 피하는 편이었다. 그러다 보니 처음 나를 보는 사람들로부터 종종 차가워 보인다는 말도 듣곤 하고 당시 사람을 사귀는 데에 있어 많은 피곤함을 느꼈었다. 그래서일까 나는 늘 내가 외향적인 편은 아니라고 생각하며 살았던 것 같다.

하지만 정말 이상하게도 유학 생활에서의 내 모습은 그 누구보다 외향적이었다고 나조차도 말한다. 정말 신기하게도 세 번의 경험 모두 다 사람을 사귀는 게 어려워서 고민하거나 새로운 환경에 적응하는 게 힘들었던 적이 단 한 번도 없다. 그런 나를 보고 엄마와 나를 오래 봐온 친구들은 늘 나를 완벽한 해외 체질이라고 놀리곤 한다.

이런 해외 체질이라고 보이는 나의 모습은 나를 받아주는 나와 닮은 사람들과 환경이 만들어 줬다고 생각한다. 유학을 떠나기 전 나는 내가 무엇을 좋아하는지, 그리고 어떤 사람들과 함께했을 때 시너지를 낼 수 있는지 다양하게 경험해보지 못했다. 그래서 나 자신을 잘 몰랐던 것 같다. 하지만 나는 유학을 통해 나와 비슷한 사람들을 그 어느 때보다 많이 만났다. 그리고 그들의 모습을 보고 느끼며 내가 진정으로 좋아하는 것이 무엇인지를 비로소 알 수 있었다. 나는 원래 사람들과 교류하는 것을 좋아하는 사람이었다. 그리고 그런 나의 모습은 새로운 사람들이 가득한 유학에서 가장 잘 나타난 것 같다. 그래서 그렇게 적극적으로 그리고 용감하게 사람들과 어울리고 소통하며 지낼 수 있었다. 그 결과 나는 다양한 나라의 좋은 사람들을 만날 수 있었고 수많은 추억을 만들 수 있었다. 물론 외향적, 내향적 어떠한 모습이 좋다는 것이 아니다. 내향적이었던 내 삶도 나는 후회하지 않는다. 그저 외향적인 모습이 나에게 좀 더 어울리는 내 모습이었고 그런 모습의 나를 드러낼 때 나는 더 행복하다고 말하는 것이다. 그리고 나는 그 모습을 지금까지 잘 가지고 오고 있고 내가 가장 편하고 즐거운 것이 무엇인지 알고 나 스스로 그러한 환경을 더 잘 만들 수 있는 사람이 되었다. 그래서 나는 앞으로 더 많은 곳을 더 경험하고 즐기고 싶다. 어디든 누구보다 잘 적응할 자신이 있는 나이기에 내 삶이 얼마나 다양해질지 정말 기대가 된다.

05

내 시야를 넓혀준
다양한 나라의 친구들

나는 태어나서 지금까지 계속 한곳에서만 생활해왔다. 그래서 내 주변에는 늘 나와 비슷한 사람들뿐이었다. 중국어의 유명한 성어 중에 "物以類聚, 人以群分"라는 말이 있다. 물건은 종류별로 모여지고, 사람은 무리로 나누어진다는 뜻으로 한국어로 가볍게 하자면 '끼리끼리'라는 말로 표현할 수 있다. 나도 이 말에 동감한다. 내 오랜 친구들만 봐도 나와 다 비슷한 상황과 환경을 가지고 있다. 아마 나랑 비슷하므로 나는 내 친구들과 친구가 될 수 있었을지도 모른다. 하지만 반대로 생각해보니 친구이기 때문에 같은 생각을 공유하고 행동하니 비슷하게 살아갈 수밖에 없던 것도 같다. 그러나 지금 나는 내 오랜 친구들 사이에서 가장 많이 달라졌다는 말을 듣는다. 친구들이 말하는 나는 자유로운 사람이다.

　나는 지금 언제든 떠나겠다고 마음을 먹으면 떠나고, 하고 싶은 것이 있다면 하는 사람이다. 그런 나를 보고 친구들은 내가 가장 자유롭게 살 것 같다고 한다. 그리고 그런 내 모습을 부럽다고 한다. 하지만 나도 원래 그런 사람이 아니었다. 예전의 나는 늘 자유롭게 자신이 하고 싶은 것을 하는 사람들을 부러워했다. 하지만 그게 내가 할 수 있는 일이라고는 생각하지 않았다. 지금은 정말 다양한 사람들을 만나고 어울려본 나는 나의 고정된, 닫힌 생각들을 많이 열어둘 수 있게 되었다. 그리고 나는 지금 더 다양하고 넓은 시각을 가지고 행동할 수 있다.

　나는 결혼을 하지 않는 삶을 한 번도 생각해본 적이 없다. 나는 결혼을 하고 싶어하는 사람이기 때문에 언젠가는 사랑하는 사람을 만나 결혼을 하는 게 맞는 거라고 생각했다. 이전의 나는 '결혼을 하지 않는 건 다른 게 아니라 틀리다.'라고 생각할 정도로 그저 내가 보고 자란 것들이 맞다고 생각하며 살았다. 그런 내게 큰 의미를 준 사람은 중국 유학을 통해 만난 네덜란드 친구 몽보다. 나는 몽보와 얘기를 하면서 결혼에 대해 그리고 내가 가진 나의 이분법적 사고에 대해 다시 한 번 생각해볼 수 있었다.

당시 몽보는 꽤 오래 사귄 여자친구가 있었다. 카페에서 영상 통화하는 모습도 자주 보고 여자친구에 관한 얘기도 같이 종종 했었다. 그래서 나는 너무 당연하게 "그래서 너희 결혼은 언제 할 거야?"라고 물어본 것 같다. 몽보는 너무 자연스럽게 결혼을 하지 않을 것이라고 대답했고 나는 이 대답에 꽤 충격을 받았다. 나는 사랑하면 당연히 결혼을 해야 한다고 생각했었다. 그런 나에게 몽보의 대답은 새로운 가치관을 만들어주었다. 그 대답은 바로 "사랑하지만 결혼하는 건 내 자유야."였다. 나는 이 말이 너무 멋있기도 하고 내가 그동안 한 방향으로만 생각했다는 것이 창피하기도 했다.

'남들이 다 하니까 이혼하더라도 한 번쯤은 결혼해봐야지.'라는 말을 나는 종종 들어본 적이 있다. 지금에야 많이 바뀌고 있지만, 아직 한국에서 결혼은 필수적인 요소인 것 같다. 나는 내 주변 어른들이 모두 결혼을 했고 결혼을 못 한 사람들을 보며 사람들이 수군거리는 모습을 많이 보았다. 그래서 결혼을 하는 것이 그저 당연한 일이고 맞는 일이라고 생각했다. 결혼에 대한 선택의 자유가 있다는 것을 전혀 생각하지 못했다. 물론 나라의 문화적인 부분에 있어서 네덜란드와 한국은 크게 다를 것이다. 뭐가 맞는 것이라고는 말할 순 없지만, 그저 내가 본 것만이 옳다고 생각한 나에게 그 말이 큰 의미를 준 것은 분명하다.

또한, 사람마다 개인차가 있지만 내가 내 외국인 친구들을 보면서 가장 많이 느낀 것은, 사람들의 시선에서 벗어나 너무나도 자유롭게 생활한다는 점이다. 나는 내 짝꿍인 러시아 친구 까오팅을 보면서 그 점을 정말 많이 느꼈다. 아마 대부분 한국 사람들은 대중심리에 쉽게 현혹된다. 나만 봐도 비가 안 와도 주변 사람들이 다 우산을 쓰니 우산을 편 경험이 있다. 늘 튀지 않게 다른 사람들처럼, 나는 계속 그렇게 남들에게 어떻게 보이는지를 중요하게 생각하며 살아왔고 내가 그렇게 생각하는지도 몰랐다. 하지만 나는 까오팅을 통해서 '내가 그렇게 살아왔구나!' 하고 깨달았다.

한 학기 내내 나와 같이 수업을 들으며 같이 열심히 공부하고 놀았던 까오팅은 내가 정말 보고 싶은 친구 중 한 명이다. 내 또래의 예쁜 금발 머리 여자애. 내가 느낀 까오팅의 첫인상이었다. 술도 잔디밭도 그리고 클럽도 너무 좋아하는 까오팅은 나랑 친해질 수밖에 없는(?) 친구였다. 특히 내가 당시 공부하던 교실은 기숙사에서 걸어서 20분 정도 떨어진

곳에 있었다. 그러다 보니 수많은 하굣길을 까오팅과 함께 걸으며 우리는 자연스럽게 친해질 수 있었다. 같이 기숙사로 돌아가면서 내가 가르쳐준 한국 동요를 같이 부르거나, 각 나라의 문화에 관해서 얘기도 하고, 각자의 고민도 얘기하면서 하굣길을 참 재밌게 보낸 것 같다.

나는 특히 비가 부슬부슬 내리던 날, 까오팅이랑 하교했던 그날이 많이 기억에 남는다. 비가 부슬부슬 내리던 그날은 우산을 쓰기도, 그렇다고 안 쓰기도 애매한 날씨였다. 나는 날씨를 한 번 보고 지나가는 사람들을 한 번 보았다. 사람들 대부분이 우산을 쓰고 있었다. 그러니 우산을 들고 있던 나는 당연히 우산을 폈다. 그런데 같이 있던 까오팅은 우산을 펴지 않았다. 까오팅은 비를 맞는 것을 좋아한다고 했다. 그렇게 우산을 쓴 내 옆에서 까오팅은 우산을 손에 들고 부슬비를 맞으며 같이 걸어갔다.

나는 그런 나와 까오팅이 걸어가는 모습이 이상하다고 생각했다. 나는 '나를 혼자 우산 쓰는 욕심쟁이로 보는 건 아닐까, 나도 같이 우산을 쓰지 말아야 하나?' 하며 계속해서 다른 사람의 시선을 걱정하고 있었다. 하지만 내 옆에 까오팅은 그저 자기가 좋아하는 것을 하며 행복해보였다. 까오팅의 행복해하는 모습을 보면서 '나는 참 별거 아닌 일에도 사람들의 시선을 신경을 쓰고 있었구나!'라는 사실을 문득 깨닫게 되었다. 같이 즐겁게 걸어갈 수 있는 이 순간을 나 스스로 망치고 있었다.

나는 유학을 통해서 나와 평생을 다르게 살아온 수많은 친구를 만날 수 있었다. 나는 그런 친구들과 소통하면서 내 생각들이 너무나도 한정적이었다는 것을 알게 되었다. 나는 친구들을 보면서 '이렇게 생각할 수도 있구나, 이렇게 말할 수도 있구나!' 하고 정말 많은 것을 느낄 수 있었다. 내가 한 번도 생각해보지 못한, 그리고 깨닫지 못한 것들에 대해 정말 많이 배우고 이해하게 되었다. 그러다 보니 이러한 경험들이 자연스레 하나씩 쌓여가면서 한정적이었던 내 시야를 깨부술 수 있게 되었다. 지금 나는 이전의 나라면, 정말 상상하지도 못할 목표를 자유롭게 생각하고 꿈꾸고 있다. 내 목표들은 계속해서 다양한 시각으로 더 방대하게 자라나고 있다. 지금의 이런 나의 모습을 만들어준 친구들에게 다시 한 번 감사하는 부분이다.

06

유학 전 나는
우물 안 개구리였다

세상에 이렇게 재밌는 것이 많다니! 이 말은 내가 유학을 하면서 가장 많이 했던 말이 아닐까 싶다. 나는 원체 여행을 좋아했기에 국내 여행은 꽤 다녀보았다. 하지만 나는 해외여행은 중국 홈스테이로 잠시 다녀온 게 전부였고 유학을 통해 내가 마주한 진정한 국외 생활은 모든 것이 새로웠다. 낯선 풍경과 분위기. 그리고 무엇보다 한국에서는 하기 쉽지 않은 것들을 쉽게 접할 수 있는 환경은 세상이 얼마나 넓은지를 알려주었다.

나는 물을 무서워한다. 당연히 수영도 하지 못했다. (지금은 그래도 배영은 할 수 있다.) 그러니 바다를 보고 예쁘다고 생각을 한 적은 있지만 들어가고 싶다는 생각은 해보지 않은 것 같다. 그래서 필리핀에 가기 전까지 해양 액티비티를 한 번도 해보지 않았다. 사실 관심이 없으니 있는지도 몰랐던 것이 더 정확한 것 같다. 그런 나에게도 필리핀의 바다는 당장에 뛰어들고 싶을 정도로 아름답다 못해 경이로웠다. 눈이 시리도록 파랗다는 표현이 어떻게 나왔는지 알 것만 같았다. 그 아름다운 파란 바다는 속이 다 보일 정도로 깨끗하고 아름답다. 그리고 그런 필리핀의 아름다운 바다는 아직도 나에게 가장 특별한 바다이다.

나는 필리핀에서의 첫 여행을 바로 스노클링을 하기 위해 떠났다. 나는 원래 물을 좋아하는 사람이 아니다 보니 스노클링 활동에 대해 흥미가 없었다. 하지만 나는 나와 같은 날 필리핀에 도착한 일명 배치 메이트들(Batch mate) 대부분이 스노클링을 하러 간다는 말을 듣고 나도 따라나서게 되었다. 남들이 재밌다 하는 것은 다 이유가 있다고 생각하는 내 생각이 내 몸을 움직였다. 같이 가게 된 친구들 중에서는 나만 처음 스노클링을 해보는 사람이었다. 배를 타고 스노클링 지점에 가서 어찌어찌 구명조끼와 장비들을 챙기고 파란 바다에 홀리듯이 들어갔다. 아무리 구명조끼를 입었다 하더라도 수영을 못 하는 나에게 발이 닿지 않는 바다는 생각보다 더 두렵게 느껴졌다. 그리고 바다를 보기 위해서는 물 안으로 얼굴을 넣고 입으로만 숨을 쉬어야 한다. 물속에서 숨을 쉬는 것이 익숙하지도 않을 뿐더러 겁을 잔뜩 먹고 있으니 나는 짠물만 마시기 바쁠 뿐이었다. 그러니 바다를 구경하기는커녕 내 몸을 어찌할지도 모르고 그저 가이드분의 튜브만을 붙들고 있었다. 스노클링 경험이 있던 내 대만 친구가 그런 나를 옆에서 잡아주고, 내 장비들을 꼼꼼히 챙겨주며 나를 안정시켜주었고 나는 서서히 물속에서 호흡하며 눈을 뜰 수 있었다.

그렇게 내가 내려다본 필리핀의 바닷속은 정말 말로는 표현 못 할 감정을 느끼게 해주었다. 나는 그동안 내가 보는 세상이 전부인 줄만 알았다. 하지만 저 깊은 곳 끝없이 보이는 바닷속의 웅장함은 내가 그동안 봐온 세상이 얼마나 작은지를 느끼게 했다. '내가 보지 못했던 곳에 이렇게 넓고 아름다운 세상이 있었구나!' 하고 감탄만 나올 뿐이었다. 나는 그렇게 어려웠던 숨을 쉬는 것에 대한 불편함도 다 잊고 고요한 바닷속에서 저 깊은 곳을 그저 하염없이 바라본 것 같다. 그리고 내가 생각하고 살고 있던 세상은 정말 작은 일부라는 것을 깨달았다.

그리고 내가 느낀 넓은 세상속에 수많은 멋진 사람들을 얘기해보고자 한다. 부모님의 교육관이 스스로 경험하게 하는 일명 방목형 교육관이어서 그랬을까! 나는 늘 스스로 내 할 일을 잘 해냈다. 누가 시키지 않아도 스스로 공부했고, 중학교 때까지는 반에서 2~3등을 할 정도로 공부를 잘했다. 또한, 나는 시키지 않아도 집 청소도 열심히 하고, 직접 요리해서 밥도 먹고 집에 있어도 항상 바쁘게 움직였다. 그러다 보니 친구들에게 늘 부지런하다는 말을 들었다. 중국어를 배우고 나서는 스스로 중국어 공부법을 찾아 노력하고 중국어 실력을 계속해서 늘려나갔다. 그러다 보니 자연스럽게 중국어를 잘한다는 소리를 듣게 되었다. 그렇게 나는 내가 제일 열심히 사는 줄 알았고 그런 나의 모습에 안주하고 있었다.

그리고 나는 유학을 통해 수많은 능력자를 만나게 되었다. 그리고 그들이 얼마나 열심히 사는지, 그리고 세상에 정말 열심히 사는 사람들이 얼마나 많은지를 직접 보고 느꼈다. 나는 필리핀 어학연수 동안 3인실 기숙사를 이용했다. 나를 포함해 다른 한국인 친구 한 명, 그리고 대만인 룸메이트 이렇게 3명이서 같이 지내게 되었다. 신기하게도 다른 한국인 친구도 중국어를 전공해서 중국어라는 공통점이 생긴 우리 방 식구들은 특히나 더 재밌게 지낼 수 있었다. 룸메이트로 지내다 보면 그 사람의 하루를 다 지켜보게 된다. 나는 내 한국인 룸메이트 은결이를 보면서 내가 열심히 한다고 했던 것들은 그저 내 기준에서였다는 것을 느낄 수 있었다. 은결이는 나만큼이나 좋아하는 게 많다. 그리고 그 모든 좋아하는 것들을 다 해낸다. 우리 방 식구들은 수업이 끝나고 같이 맛있는 것을 먹으러 가거나, 아니면 어딜 놀러 갔다 오는 경우가 많았다. 그렇게 놀고 늦게 들어오더라도, 매일 밤 우리 방에서 가장 늦게까지 영어 공부를 하고 잠이 드는 사람은 늘 영어를 제일 잘하는 은결이었다. 자기가 좋아하는 것이기도 하고, 더 잘하고자 하는 욕심이 있는 친구였다. 나는 창피하지만, 당시 가장 기초반에서 수업을 듣고 있었다. 영어를 한마디도 하지 못하는 수준이었으니 영어를 쓰는 환경 자체는 나에게 늘 긴장감을 준다. 그래서 나는 '오늘 수업을 열심히 들었으니 이 정도면 충분히 했다.' 하며 안주했었다. 나는 내가 하기 싫은 것, 부족한 것에 대해서는 관대했다. 더 노력할 수 있지만 변명을 만들며 계속 타협했던 것이다. 더 행동하며 노력하는 사람들을 마주하니 그동안 자만하며 안주하고 있던 내 모습이 그제야 보였다.

그밖에도 한국에서 일했던 경험이 있어 한국어도, 그리고 영어도 잘하는 또 다른 대만 친구, 한국어를 잘하는 필리핀 학원 선생님과 같이 다국어를 할 수 있는 멋진 사람들은 '내가 지금 내 모습에 안주할 때가 아니구나!'라는 것을 깨닫게 해주었다. 나는 여태껏 내 기준에서의 '열심히'에 만족했었다. 나는 그동안 우물 안 개구리처럼 살아온 것이었다. 이렇게 각자의 자리에서 열심히 살고 계속해서 노력하는 사람들을 가까이에서 보면서 내게 보이는 것, 내가 믿는 것만이 전부라고 생각하며 안주하며 자만했던 내가 너무 부끄러웠다. 하지만 나는 이제 그 우물을 벗어나면 더 넓은 더 멋진 세상이 있다는 것을 알게 되었다. 그리고 나는 지금의 내 모습에 안주하지 않고 더 높은 곳을 보러 가기 위해 도전하고 있다.

07

유학 후 나는
세상을 무대로 살아간다

나는 하고 싶은 게 많은 사람이다. 재밌는 것도 궁금한 것도 너무 많다. 나는 내가 흥미를 느끼는 것들, 내 주변 사람들로부터 재밌다고 추천받은 것들. 이런 것들을 모두 꼭 경험해봐야 성이 찬다. 그리고 이런 내가 정말 해보고 싶은 것 중의 하나는 한국의 내일로(Rail 路)를 이용한 국내 여행이다. (내일로는 한국철도공사에서 판매하는 철도 여행 상품으로 기간 내에 자유롭게 기차를 이용하며 여행을 떠날 수 있는 상품이다.) 나는 기차에 대한 로망이 있다. 덜컹거리는 기차의 창가로 지나가는 풍경을 보는 것은 언제나 늘 설렌다. 그래서 나는 늘 기차여행을 꿈꿔왔고 중국 유학에서도 대부분 기차를 많이 타고 여행을 다녔다.

나는 기차여행에 대한 로망이 있지만 내 기차여행 로망의 끝은 그저 내가 잘 알고 있던 한국에서의 내일로였다. 그리고 유학을 하던 당시 나는 내 러시아 친구와 여행 이야기를 하다 한국에는 이런 기차여행 상품이 있다고 소개해준 적이 있다. 친구는 그런 나에게 시베리아 횡단 열차를 소개해주었다. 러시아를 넘어서 중국까지 이어지는 기차여행이 있다는 것을 얼핏 들었던 기억이 있었다. 하지만 친구가 말해주기 전까지 나는 시베리아 횡단 열차에 대해 생각을 해보지 못한 것 같다. 기차여행을 계속 원했지만 왜 세상의 수많은 나라의 기차들을 생각해보지 않았을까? 나는 그제야 내가 그동안 이 넓은 세상에 대해서 궁금해하지 않았다는 것을 깨달았다. 그리고 이제 유학을 통해 이 세상이 얼마나 넓은지 경험한 나는 세상을 무대로 꿈꾸고 생각할 수 있는 힘을 가지게 되었다. 그리고 나는 그 넓은 세상 속의 수많은 것들을 다 경험해보고 싶다는 목표를 가지고 있다.

내가 이처럼 더 넓은 곳에 가기를 열망하고 전 세계를 경험을 해보고자 하는 까닭에는, 내가 해보고 싶었던, 새로운 것들에 대한 호기심이 차지하는 비중이 가장 크다. 이전의 나라면 상상할 수도 없던 많은 것들을 이제는 조금 더 알게 되었다. 그리고 아직 내가 모르는 것들이 얼마나 많은가에 대한 기대와 설렘은 내 가장 큰 원동력이다. 그리고 또 다른 큰 이유는 바로 너무 소중한 나의 각국의 친구들을 만나고 싶어서이다. 나는 유학을 통해 많은 국가의 친구들과 추억을 나눴다. 나이도 국적도 성별도 다른 정말이지 새로운 사람이 같은 시기에 같은 곳을 선택해 한곳에서 만나고 친해지며 시간을 보낸다는 것은 너무도 특별하고 소중한 일이다. 그래서 나는 그 사람의 모든 것에 더 관심을 가지게 되고 자연스럽게 그 나라에 관심을 가질 수 있게 되었다. 그렇게 나는 이전에는 생각하지 못했던 많은 나라들을 알게 되고 관심을 가지게 되며 더 다양하고 넓은 세상을 경험하고 싶다.

나는 유학에서 만난 친구들과 각자의 자리로 돌아가고 나서도 꾸준히 연락한다. 특히 외국인 친구들이랑은 쉽게 만날 수가 없으니(지금 같은 상황에서는 더더욱) 연락을 통해 계속해서 인연을 이어가고 있다. 매번 연락하면 제일 먼저 하는 이야기가 "그래서 우리 언제 만나?"와 같은 말이다. 나는 친구들한테 '내가 놀러 갈게.' 하고 자주 말하곤 한다. 그리고 나는 내 말을 실현하는 사람이라는 것을 내 친구들은 다들 알고 있다. 그러다 보니 연락을 통해 '만나면 이거 먹으러 가자, 어디 가자.'라는 이야기를 주로 나눈다. 이미 이렇게 정해둔 약속이 한가득이다. 수많은 각국의 진수성찬이 나를 계속 기다리고 있다. 이러한 이유가 나로 하여금 더 많은 세상을 보러 나가게 한다. 지금 이런 상황이 아니었으면 이미 친구들을 만나러 다니며, 각 나라의 많은 것들을 즐기고 경험했을 텐데 그러지 못해 아쉬울 뿐이다.

나는 특히 각국의 새로운 음식을 경험해보는 것을 좋아한다. 누군가는 아는 맛이 제일 무섭다고 하지만 나에게는 전혀 상상하지 못한 맛과 향이 주는 새로운 그 짜릿함이 너무 좋다. 내가 중국에서 정말 많이 먹은 것 중 하나는 다름 아닌 가지였다. 가지는 한국에서도 쉽게 볼 수 있는 음식 재료 중 하나이다. 하지만 나는 사실 가지를 그렇게 즐겨 먹는 편이 아니었다. 맛 때문이기보다는 그 가지 특유의 식감을 선호하지는 않았다. 그런데 내가 중국에서 먹은 가지는 가지인지도 모를 정도로 완전히 다른 음식 같았다.

가지라고 하면 나는 가장 먼저 보라색을 떠올린다. 내가 한국에서 늘 그렇게 먹어왔기 때문에 당연히 보라색의 무언가가 나올 줄 알았다. 하지만 내가 중국에서 시킨 가지 음식에는 보라색이 전혀 보이지 않았다. 더 궁금해져 바로 먹어본 가지는 내가 여태껏 먹어본 가지와는 완전히 다른 맛이었다. 약간 물컹한 그 가지 특유의 식감이 아니었다. 어떻게 만들었는지는 모르기 때문에 자세하게 표현하기는 어렵지만 처음 먹어보는 단단한 가지의 식감과 중국 마파두부 소스와 같은 빨간 소스의 조화가 어우러진 가지 덮밥은 내가 상상하지 못한 맛이었다. 정말 너무 맛있어서 그 이후 그 집의 가지 요리들은 모두 다 먹어본 것 같다. 그 밖에도 전혀 상상하기 어려웠던 중국의 다양한 음식들 烤冷面(카오렁미엔; 냉면을 구워 안에 소스를 바른 뒤 채소와 달걀을 넣어서 같이 먹는 음식), 烧麦(샤오마이; 지역마다 속이 다르지만, 약식과 같은 갈색 찹쌀밥으로 속을 넣어 만든 만두)를 먹어보면서 내가 아직 모르는 맛의 새로운 음식들을 찾게 되었다. 중국만 해도 이렇게 새로운 음식이 가득한데 더 넓은 세상에는 내가 맛보지 못한 맛있는 것들이 얼마나 많을까!

이렇게 나는 유학을 통해 만난 다양한 사람들을 통해 다양한 정보를 얻었다. 그로 인해 나의 세상이 아닌 전 세계를 중심으로 생각하는 법을 배울 수 있었다. 그렇게 새로운 것들에 대한 갈망이 커지자 전 세상을 무대로 내 행동 범위를 넓혀 더 큰 세상을 맞이할 준비를 하고 있다. 내가 가진 재능을 사용할 수 있는 곳들을 세계로 보면 더 무궁무진한 기회들이 있다고 확신한다. "I'm still hungry.(나는 아직도 배가 고프다.)" 이 말은 2002년 한·일 월드컵 8강에 진출 후 거스 히딩크 전 국가대표 감독님이 하셨던 말이다. 이 한마디는 당시 초등학생이었던 나도 기억할 만큼 큰 영향력이 있었다. 물론 내가 초등학생이었던 그때 나는 그 말을 완전히 이해하진 못했지만 그 한마디의 힘을 분명히 느낄 수 있었다. 그래서 나는 히딩크 감독님의 말을 빌려 이 책을 통해 "나는 아직 더 떠나고 싶다!"라고 말하고 싶다.

김은서

4장

내가 **중국**과
필리핀에서
깨달은 8가지

01

이 세상은
같은 듯 너무 다르다

"사람 살아가는 게 다 똑같지." 나는 이 말에 굉장히 동감하는 사람이 었다. 결국은 사람이 살아가는 데 있어서 필요한 것, 원하는 것은 비슷하다고 생각한다. 그렇기에 결국 사람이 살아가는 모습은 비슷하다고 생각한다. 그런데 내가 직접 경험해본 다른 나라의 모습, 그리고 사람들은 내 생각보다 더 다른 부분이 많았다. 그리고 더 정확히는 사람들의 삶의 형태가 다르기보단 나라별로 사람들이 크게 느끼고 생각하는 부분이 다르다는 것을 알게 되었다. 나는 한국이랑 비교적 가깝고 친숙한 중국과 필리핀에서 생활하는 동안에도 이런 부분들을 느꼈다. 그래서 지구 반대편에 있는 곳은 과연 어떨지 나도 정말 궁금하다.

나는 두 명의 외국인 룸메이트가 있었다. 첫 번째는 중국에서 2인실을 살 때 룸메이트였던 러시아 친구이다. 나보다 세 살 많았고, 기억에 차분하고 말이 없던 친구로 남아 있다. 처음으로 가족이 아닌 사람이랑 사는 것이기도 했고, 우리 집이 아닌 곳에서 살아보는 것도 처음이었다. 하지만 문화적인 차이로 인한 큰 어려움은 없었다. (아마 소통이 많이 이뤄지지 않았기 때문에 문화적 차이를 못 느꼈을 수도 있다.) 그리고 또 한 명의 외국인 룸메이트는 필리핀에서 같이 지내게 된 대만 친구 클라라이다. 나는 첫날 내 룸메이트가 대만인이라는 것을 알고 안심했다. 대만은 한국에도 친숙한 나라이며 무엇보다 중국어로 소통할 수 있어, 언어로 인해 어려움을 겪지는 않을 것이라고 확신했다. 더군다나 나와 같은 날에 필리핀에 와서 같이 생활을 시작하는 친구였기 때문에 클라라는 나에게 더 반갑고 특별했다.

나는 클라라와 같이 지내면서 외국인 친구랑 같이 생활한다고는 거의 느끼지 못할 정도로 편하게 지냈다. 서로 놀러 가기 전에 옷을 골라주기도 하고, 마땅한 옷이 없으면 빌려 입기도 했다. 또 밖에서 맛있는 것을 먹거나 발견했을 때 꼭 하나씩 더 챙겨서 방에서 나눠 먹기도 하고. 같이 공부하자고 책상에 앉아서 공부하다 결국 같이 침대에 누워 수다를 떨기도 하면서 내 한국 친구들과 지낼 때와 다를 것 없이 너무도 편하게 생활했다. 그래서 나는 더 사람 살아가는 게 다 똑같다는 말을 믿게 되었다.

그런데 어느 날 클라라가 조심스럽게 양치할 때 화장실에서 해줄 수 없느냐고 말한 적이 있다. 바쁜 아침 시간 특히 3인실에서 세 명이 한 화장실을 같이 쓰다 보니 화장실은 늘 붐빈다. 그래서 나는 종종 나와서 양치를 하며 이것저것 챙기곤 했다. 나중에서야 알고 보니 대만에서는 양치하는 것이 꽤 사적인 일이었다. 생각해보니 클라라는 양치를 항상 화장실 안에서 문을 닫고 했다. 전혀 생각하지 못한 부분이었다. 한국인은 공중화장실에서도 필요하면 양치할 정도로 가벼운 행동이 대만에서는 아니었다. 신기하기도 하고 그동안 계속 신경이 쓰였지만, 말을 못 했을 클라라에게도 괜히 미안했다. 이런 사소한 부분에서의 문화적 차이가 나는 신기하기도 하면서 앞으로는 좀 더 주의해야겠다는 생각을 하게 되었다.

그리고 나는 유학을 통해 각 나라의 친구들이 말해준 한국인들만의 특징에 대해 듣고 놀란 부분이 많았다. 내가 생각하지 못한 부분을 이렇게 느끼는구나 신기하기도 하고 나에게도 해당되는 부분이 많아 뜨끔했다. 정말 많은 부분이 있었지만 가장 많이 들은 세 가지가 있다. 그중 첫 번째는 한국인들은 모자와 마스크를 자주 쓴다는 것이다. 나중에서야 알게 되었는데 특히 다른 나라에서는 마스크를 정말 많이 아플 때나 쓰는 것이라는 생각이 많았다. 그래서 아침에 모자와 마스크를 쓰고 나오는 모습을 보고 아픈 줄 알았는데 수업 후 너무 예쁘게 꾸미고 신나게 나가는 한국 친구들을 보고 신기했다고 했다.

두 번째 한국인들은 특히나 검은색 옷을 많이 입는다는 것이다. 나도 계절을 불문하고 검은색 옷이 가장 많은 것 같다. 가장 무난하게 입을 수 있는 색이라 편하게 사기 때문인지 사실 나도 잘 모르겠지만, 그 말을 듣고 내 한국 친구들을 보니 정말 다 검은색 티셔츠를 입고 있었다.

세 번째 한국인들은 대부분 자신을 잘 꾸민다. 나는 유학 당시 한국 스타일이라는 이 말을 정말 많이 들었다. 특히 옷이나 화장 분야에 있어 가장 유행하는 것은 한국 스타일이라고 불리며, 한국인들을 놀라워했다. 나는 꾸미는 것에 흥미가 많은 편은 아닌 것 같다. 화장도 대학생이 되고 나서야 하기 시작할 정도로 관심이 없으니 잘한다고 생각해본 적도 없다. 그런데 필리핀에서 옆 방 일본 친구가 놀러 나가야 하는데 어떻게 화장해야 할지 모르겠다고 한 적이 있다. 무슨 자신감이었는지는 모르지만 나는 예전에 엄마한테 화장해드렸을 때 엄마가 좋아했던 기억이 문득 떠올랐다. 그리고 친구에게 내가 화장해주겠다고 제안했다. 그렇게 나는 일본 친구에게 내가 하던 대로 화장해주었는데 무척이나 맘에 들어 해주었다. '역시 한국인'이라는 말까지 들으니 신기하기도 하고 너무 뿌듯했다.

이처럼 내가 아무렇지 않게 하는 행동들이 다른 나라의 친구들에게는 신기하게 느껴질 수 있다는 것을 경험하면서 많이 놀랐다. 같으면서도 다른 부분 이게 어느 부분이 될지 모르니 그 이후 조금 더 조심히 행동하려고 노력했고, 그 결과 정말 마음이 통하는 수많은 외국인 친구들을 사귈 수 있었다.

하지만 국가를 불문하고 모두 같은 생각이나 행동을 할 때가 있다. 이 순간만큼은 정말 다 똑같은 사람들이라는 것을 느꼈다. 그중 하나는 바로 월요일 아침 1교시 수업에서의 모습이다. 중국과 필리핀에서의 아침 수업은 8시에 시작이다. 월요일 아침 8시, 1교시는 모든 나라의 학생들이 다 힘들어한다. 월요병은 전 세계 사람들이 가지고 있는 현대사회의 모습인 걸까! 수업하러 가는 길 월요일 7시 50분, 복도에서 친구와 잠이 덜

깬 얼굴로 마주치면 "너도?" 이 한마디가 절로 나온다. 그 모습이 왜 이렇게 반갑던지 지금 생각해봐도 웃음이 난다.

그리고 또 하나는 바로 금요일의 모습이다. 한국에는 '불금'이라는 말이 있다. 다른 요일에는 없는 오직 금요일에만 있는 단어이다. 금요일은 조금 힘들어도 용서가 된다. 다가올 주말이 있으니 대체로 너그러워진다. 그리고 '이 즐거운 금요일을 어떻게 불태울 수 있을까?' 하고 신나게 고민한다. 나는 유학을 통해 'TGIF'라는 말을 처음 배웠다. 'TGIF'는 'Thank God, It's Friday!'의 줄임말로 한국의 '불금'과 같은 의미라고 생각하면 된다. 이렇게 금요일을 축하하는 단어는 한국에만 있는 것이 아니라는 것을 알고 나는 아무리 문화 차이가 있다고 해도 이 부분에서는 전 세계가 한마음 한뜻인 것을 느낄 수 있었다. 금요일이 되면 다들 월요일 1교시의 모습은 온데간데없다. 다들 'TGIF'를 외치며 오늘 오후 어디 갈지에 들떠 있는 모습들이다.

나는 이 세상은 같은 듯 너무 다르다는 말을 유학을 통해서 정말 많이 느꼈다. 이 시대를 같이 살아가는 사람으로서 국경을 넘어서도 공감할 수 있는 부분이 있다. 결국은 같은 고민을 하고, 같이 즐거워하는 모습을 통해 공감하며 가까워질 수 있었다. 그리고 또 한편으로는 느낄 수 있는 문화적 차이를 통해서 다른 시각에서 생각할 수 있는 넓은 시야를 배울 수 있었다. 또한, 서로 다른 부분에 대해서 존중하고 배우며 조화롭게 살아가기 위한 연습을 할 수 있던 좋은 경험이었다고 생각한다.

02

떠나봐야 내가
모르는 것을 알 수 있다

익숙함에 속아 소중함을 잊지 말자. 한동안 인터넷상에서 유행했던 말이다. 나는 이 말이 사람과 사람 사이에서만 해당하는 말이라고 생각했다. 이 말을 보고 '내 소중한 주변 사람들에게 고마움을 잊지 말아야겠다.' 그때는 그렇게만 생각하고 지나갔다. 하지만 내가 한국을 떠나고 다른 나라에서 생활해보면서 내가 한국에서 당연하다고 생각하고 누려왔던 것이 다른 누군가에게는 너무나 특별하고 놀라운 것일 수도 있다는 것을 알게 되었다. 그리고 지금 내가 생활하는 데 있어서 누리는 많은 것들에 대한 소중함을 다시금 느낄 수 있었다.

나는 한국에 있으면서 핸드폰 속도 때문에 답답함을 별로 느껴보지 못했다. 어디를 가든 쉽게 와이파이를 제공하는 곳을 찾을 수 있었고 자유롭게 사용할 수 있다. 와이파이가 없다면 사용하는 요금제에서 제공하는 데이터를 사용하면 되는 일이었다. 정말 인파가 몰린 축제장이 아니고서야, 데이터를 사용하는 데 있어서 답답함을 느낄 일이 거의 없었다. 그래서 이런 환경이 늘 당연하다고 생각했고 감사함과 소중함을 전혀 느끼지 못했다.

내가 지내던 필리핀 세부는 필리핀 내에서도 유명한 관광도시이다. 그런데도 아직은 인터넷 환경이 좋지 않다. 내가 생활하던 학원 내 기숙사에는 다행히 공용 와이파이가 있어서 무료로 와이파이를 사용할 수 있었지만 자주 먹통이 되곤 했다. 그래서 대부분은 따로 구매한 데이터를 이용해 생활했지만 하지만 이마저도 한국에서의 속도를 기대하기는 어려웠다. 메신저로 사진을 보내는 일도 쉽지 않은 정도였다. 그러니 영화나 인터넷 강의들을 스트리밍으로 보는 것은 당연히 큰 인내심이 필요했다.

한국에서의 인터넷 속도에 익숙한 나에게는 이러한 환경이 불편한 것이 당연했다. 특히 한국에 있는 가족들과 영상통화를 할 때 많은 애로사항이 있었다. 수많은 자료와 영상들을 어디서든 쉽고 빠르게 전달하고 볼 수 있는 환경이 나에게는 너무나도 당연했었고, 한 번도 그것에 대한 감사함을 느끼지 못했다. 오히려 한국에서는 속도가 조금만 느려져도 불평을 했던 것 같다. 그랬던 내가 필리핀에서의 경험을 통해 한국의 인터넷 환경에 정말 감사하게 된 일이 있다.

내가 필리핀을 떠나 한국으로 돌아오던 날, 나는 어쩌다 보니 공항에서 인터넷 없이 살아보기 체험을 하게 되었다. 당시 내가 충전해둔 핸드폰 유심에는 돈이 조금 남아 있었다. 그래서 공항까지 배웅을 해준 친구에게 그 필리핀 유심을 주었고 내 핸드폰은 공기계 상태였다. 한국 인터넷 환경에 익숙한 나는 공항에서 와이파이가 없다는 것을 상상할 수 없었다. 그래서 당연히 모든 공항도 와이파이를 제공해줄 것으로 생각했었다. 하지만 탑승 수속을 마치고 들어온 공항 안에서는 정말 당황스럽게도 와이파이가 되지 않았다. 어차피 곧 탑승이니까 '조금만 참으면 되겠지.'라고 생각한 나의 계획과는 다르게, 설상가상 내가 타야 할 비행기는 연착되었다. 핸드폰이 없으니 지루하고 심심한 것은 그나마 괜찮았다. 내가 가장 걱정했던 것은 인천공항에서 나를 마중하러 나오기 위해 기다리고 있을 가족들에게도 연락할 수가 없는 상황이었다. 당황스럽기만 한 그 상황에 나는 어쩔 도리가 없이 시간이 흐르기만을 기다릴 뿐이었다.

그렇게 힘들게 도착한 인천공항에 도착하자마자 나는 바로 와이파이를

연결했다. 바로 잡히는 와이파이, 그리고 4개월 동안 못 느껴본 와이파

이 속도를 다시 만나게 되자 절로 '감사합니다.'라는 말이 나왔다. 그동안

생각해보지 못했던 한국의 IT 기술력과 편리한 인터넷 사용 환경에 정말

감사하고 또 감사했던 기억이 있다.

또다른 내가 당연하게 생각하던 것에 대한 깨달음은 필리핀에서 나의

개인 영어 선생님이였던 이살로부터 얻게 되었다. 이살은 한국에 관심이

많은 친구이다. 한국이 좋아서 한국어도 스스로 공부해 간단한 한국어

문장들은 말할 수 있었고, 특히 한국의 연예인들에 대해서는 나보다 더

잘 알고 있다. 그리고 예전에 한국으로 여행 온 경험도 있는 정말 한국을

사랑하는 친구였다. 나는 이살과 수업 중 한국에 관한 이야기를 하다 이

살이 한국에 와서 정말 감명받았던 것에 관한 얘기를 듣고 놀라지 않을

수가 없었다. 필리핀은 1년 365일 한 계절만 존재한다. 그들 말로는 따

뜻하고, 덥고, 더 덥고, 진짜 덥고 이렇게 4계절이 있다고 표현하기도 한

다. 그런 이 살이 한국에 와서 가장 감명받은 것은 바로 한국의 가을 풍

경이었다고 한다.

이살이 한국에 도착해 처음 느껴본 쌀쌀하지만 상쾌한 바람, 그리고 빨간 단풍잎이 가득한 한국의 가을 모습을 보고 이살은 자기도 모르게 눈물이 흘렀다고 했다. 나에게는 늘 아무렇지 않은, 그저 때가 되면 보던 한 계절이 누군가에게는 눈물이 날 정도로 아름다운 모습이었다니. 이살의 이 말은 나에게 정말 많은 생각을 하게 해주었다. 물론 나도 가을이 오면 단풍놀이를 하러 가기도 하면서 가을이 온 것을 즐겼다. 하지만 이게 감사하거나 특별한 것이라는 생각을 한 번도 못 했던 것 같다. 그리고 이살은 내가 한국으로 돌아온 후 다시 한국을 찾았고 나와 같이 한국의 겨울 그리고 그 겨울의 첫눈을 보았다. 필리핀에서는 눈을 볼 수 없다.

그래서 이살의 이번 여행의 가장 큰 목적은 눈을 보는 것이었고 그 간절한 마음이 이뤄진걸까 정말 이살과 함께 나는 첫눈을 볼 수 있었다. 사실 함박눈처럼 크고 많은 눈이 내린 것은 아니라서 나에게는 큰 감동이 느껴지지 않았다. 만약 이살이 아니었다면 그 순간은 나에게는 그저 특별할 것 없는 동네에서의 어느 겨울날 눈이 잠깐 내렸던 순간이지만 살면서 처음 눈을 마주한 이살이 모든 가족들에게 영상통화를 걸어 눈이 오는 거리를 소개하며 행복해하니 나에게도 그날은 정말 행복하게 겨울 그리고 첫눈을 즐겼던 날로 기억된다.

나는 이살을 통해 사계절의 풍경을 모든 나라가 누리는 것이 아니었다는 것을 깨달을 수 있었다. 그리고 나는 그것을 자유롭게 느낄 수 있는 곳에서 살고 있다는 것을 다시금 생각할 수 있었다. 사계절이 무조건 좋다고는 할 수 없지만, 때가 되면 나오는 제철 음식들과 각 계절의 분위기가 주는 다양한 의미는 가치 있는 것이라 믿어 의심치 않는다. 이렇게 내가 익숙함에 속아 생각하지 못한 감사함과 의미를 깨닫게 될 수 있었던 내 유학 경험들은 정말 소중하고 또 감사할 일들이다. 그리고 그런 경험으로 나는 지금 내가 내가 누리고 있는 이 모든 것에 좀 더 감사한 마음으로 생활할 수 있는 마음을 가지게 되었다.

03

기회는 내가
만드는 것이다

"흔히 사람들은 기회를 기다리고 있지만, 기회는 기다리는 사람에게는 잡히지 않는 법이다."

도산 안창호 선생님의 유명한 말씀이다. 내가 좋아하는 말이기도 한 이 말은 기회에 대해 내가 어떻게 행동해야 하는지를 잘 말해주고 있는 말이다. 기회는 누구에게나 쉽게 오는 것이 아니다. 기회를 꿈꾸고 준비하는 것은 수많은 사람이 하고 있다. 하지만 안창호 선생님의 말씀처럼 기회는 기다리기만 하는 것은 의미가 없다. 내가 먼저 얼마나 다양한 기회들을 만들어낼 행동을 하고 있는지가 더 중요하다.

만약 내가 기회를 통해 유학을 결정하고 갔더라도, 원래 떠나기 전 내 모습 그대로 행동했다면 나는 묵묵히 내 할 일을 해내며 새로운 환경에 적응하는 것에만 집중했을 것이다. 그리고 나는 아마 이렇게 많은 사람들과 친구가 될 수 없었을 것이다. 그리고 지금 책으로 담아내고 있는 다양한 이야기들을 당연히 만들어낼 수도 없었을 것이다. 기회는 내가 스스로 만들어야지 남이 만들어 가져다주는 게 결코, 아니다. 그런 이유로 나는 유학을 가 누구보다 열심히 기회를 만들기 위해 행동했다. 그 첫 번째는 많은 사람을 만나기 위함이었다.

당시 나는 다양한 사람들을 만나기 위해서 내가 가지고 있던 모습을 던져버리고 행동했다. 나는 내가 약속을 항상 먼저 잡았었다. 친해지고 싶은 친구들이 있다면 내가 먼저 '같이 밥 먹자', '산책하자', '놀러 가자' 등등 정말 많은 구애를(?) 펼쳤다. 물론 거절을 당한 때도 있었다.

하지만 처음에야 민망하고 어렵지 두 번째, 세 번째가 되면 오히려 이런 내 노력의 가상함을 알고 더 좋은 결과를 받아 낼 수 있었다. 이러한 기회를 만들어나간 나의 노력은 정말 많은 사람과 친해지고 다양한 경험을 함께하는 순간을 만들어냈다.

그리고 이렇게 친해진 친구들이 점차 많아지게 되면서 이제는 내가 먼저 약속을 잡기도 전에 친구들이 나를 불러주었다. 함께하는 것을 좋아하는 나를 알고, 재밌는 것을 알게 되거나, 해보고 싶었던 것이 있었을 때 먼저 생각나는 사람이 된 것이었다. 그러다 보니 나중에는 친구들이 부르는 곳에 가기도 바쁠 정도로 새로운 기회들이 잔뜩 만들어지는 경험을 할 수 있었다.

그중에 하나는 바로 마이클로부터 때마다 오는 파티 연락이었다. 맨 처음 중국 유학 시작의 문을 열어준 마이클은 앞에서도 얘기했듯 그 누구보다 파티를 좋아하는 친구이다. 그렇게 친해질 수밖에 없는 우리는 맨 처음 파티에 참석하고 나서 꾸준히 연락을 주고받는 사이가 되었다. 그러다 보니 매번 파티가 있을 때마다 보고 싶은 한국 친구들이라는 인사말과 함께 나와 내 친구들을 파티에 매번 불러주었고, 덕분에 나는 주기마다(?) 찾아오는 파티의 기회를 얻을 수 있었다.

또 하나는 내 일본인 친구 알콩을 통해 알게 된 한국인 언니와 함께 뤼순 감옥을 가볼 기회를 얻은 것이다. (뤼순 감옥은 중국 여순에 있는 일제강점기의 형무소로 이토 히로부미를 사살한 독립운동가 안중근과 사학자이자 독립운동가인 신채호가 투옥되어 있다가 순국한 곳이다.) 알고 보니 알콩과 한국인 언니는 이곳에 가고 싶었지만, 교통편이 좋지 않은 곳이었기 때문에 둘이서 가기에는 택시비가 좀 부담스러웠다고 한다. 또한, 뤼순 감옥은 한국과 일본 역사상에 각각 큰 의미를 만들었던 두 분의 발자취를 느끼러 가는 장소였다. 그래서 이러한 부분을 같이 공감해줄 수 있는 사람을 찾고 있었다고 한다. 그때 알콩이 나를 추천해주면서 같이 가고 싶다고 말을 해줬다고 한다. 그렇게 나는 알콩을 통해서 그 언니도 알게 되었고, 그런 역사적인 장소에, 각 나라의 후손들이 친구가 되어 함께 역사를 제대로 이해하고 느낄 수 있는 경험을 할 수 있었다. 알콩이 나를 추천해주었다는 말을 듣고, 내 노력이 통했다고 속으로 정말 뿌듯했었다.

내가 기회를 만들기 위해 한 두 번째 노력은 바로 더 많은 것을 보고 느끼고 배우기 위해 행동하는 것이었다. 나는 나에게 주어지는 모든 활동에 참석하며 많은 것을 배우고 경험하기 위해 노력했다. 대개 중국 어학 연수 과정은 정기 수업과 더불어 추가로 선택 수업에 참여할 수 있다. 대부분의 선택 수업은 주로 중국의 문화를 배울 수 있는 수업 위주로 진행이 된다. 서예, 다도, 중국 음식 만들기, 우슈 등의 다양한 중국 문화를 체험할 수 있는 선택 수업은 언어뿐만 아니라 중국 문화에도 많은 관심이 있는 나에게는 너무 좋은 기회였다. 나는 그중 우슈(달마 선사가 고대 인도의 무술을 응용해 소림사에서 계승, 발전시킨 중국 민간 무술)를 선택하였다. 나는 그때 우슈가 뭔지 처음 알게 되었다. 나는 중국의 전통 무술이라길래 막연히 이소룡의 무술과 같은 화려한 모습을 상상했는데 내가 배우게 된 우슈는 '신사 같다'라는 말이 어울리는 운동이었다. 한 동작, 한 동작 느리지도 너무 빠르지도 않게 동작을 신경 쓰면서 움직이는 우슈는 보기와 다르게 자세 잡기가 굉장히 힘들었다. 그 당시 나는 운동보다는 산책을 더 좋아했기에 꾸준히 우슈 수업에 참석하지 않았지만, 중국의 문화를 배우고 직접 해볼 수 있던 경험은 내가 중국을 더 좋아할 수 있는 계기가 되었다고 생각한다.

그리고 내가 기회를 만들기 위해 도전했던 또 하나의 것은 바로 필리핀에서의 아침 단어 시험 프로그램에 참여한 것이었다. 필리핀에서 아침 수업은 8시에 시작된다. 단어 시험은 매 수업이 있는 날 수업 20분 전 지정된 단어를 외우고 테스트를 보는 형식으로 이뤄진다. 시범적으로 운영이 되는 프로그램이라 그런지 참석을 자율적으로 선택할 수 있었다. 프로그램은 사기를 돋우기 위해서 다소 파격적인 제안과 함께 이뤄졌는데 그것은 바로 프로그램에 참여만 해도 학원 건물 내 있는 마사지숍 이용 권을 가질 수 있게 해주는 것이었다. 또한, 매 시험 좋은 성적을 얻으면 장학금도 받을 수 있었다. 하지만 매 시험 일정 성적을 받지 못하면 그 주 외출 금지를 당하는 벌칙(?)이 있었다. 나는 아침에 일찍 일어나는 것 은 자신 있었고, 마사지 쿠폰을 받을 기회를 놓칠 수 없었다. 그렇게 아 침 단어 시험에 참가하게 되었고 이것은 내 어휘량을 늘려줄 뿐만 아니 라, 생각지 못한 많은 것들을 얻을 기회가 되었다.

나는 먼저 이 기회를 통해 여유로운 아침을 즐기는 습관을 만들 수 있 었다. 평소에도 아침에 잘 일어나는 편이지만 내가 준비할 수 있는 시간 에 딱 맞춰서 일어나기 때문에 여유로운 아침을 보내기는 어려웠다. 하 지만 단어 시험을 준비하기 위해 조금 더 일찍 일어나게 되니 아침을 먹 고도 여유가 있었다. 그렇게 매일 아침 단어를 간단히 복습한 후 단어 시 험을 보니 영어 실력과 더불어 한 번도 외출 금지를 당한 적 없이 선물을 얻고 단어 시험을 마칠 수 있었다. 또 다른 좋은 점은 바로 단어 시험을 진행하는 담당 선생님이자 내 개인 수업 선생님이기도 한 앤과 이 시험 을 통해 더 가까워질 수 있었다는 것이다. 앤은 단어 시험을 위해서 다른 선생님들보다 일찍 출근해야 했기 때문에 아침을 학원에서 먹는다. 그래서 우리는 매일 아침 식당이 여는 시간에 제일 먼저 밥을 먹는 두 사람이 되었고, 매일 같이 아침밥을 같이 먹으면서, 더 가까워질 수 있었다. 그러다 보니 앤은 매 단어 시험에서 내가 틀렸던 문제를 기억했다가 따로 설명해주기도 해서 나는 더 많은 도움을 받을 수 있었다.

이렇게 나는 유학을 하는 동안 내 기회를 기다리기보단 찾아가기 위한 노력을 많이 했다. 그로 인해 단기간에 수많은 배움과 추억을 누구보다 더 많이 얻을 수 있었다. 그리고 이러한 경험들은 지금 내가 생각하고 꿈꾸는 데 있어서 많은 밑거름이 되었다.

04

두려움을 넘어선
용기가 삶을 바꾼다

인천공항은 전 세계적으로 좋은 서비스 시설과 아름다움을 인정받은 세계적인 공항이다. 그런 인천공항에 대한 나의 첫 느낌은 '아름답다, 웅장하다'라는 것과 같은 표현이 아닌 바로 너무 복잡하다는 것이었다. 고등학생 때 처음 가게 된 인천공항은 그저 담당 선생님을 따라다닌 것뿐이었지만, 수많은 사람과 다 비슷비슷하게 생긴 공간이 주는 느낌이 편하지는 않았다. 그래서 그 당시 나는 공항은 절대 혼자 오지 못하겠다 생각했다. 그 이후 처음 유학을 떠나기 전까지 인천공항을 이용은 물론 구경하러 갈 일도 없었다. 그런 내가 처음 유학을 결정하고 아무도 없이 혼자서 비행기를 타러 가야 한다는 것은 꽤 큰 두려움이었다. 떠나기 전날

친구와 전화 통화를 하면서 장난 반, 진심 반으로 "나 공항에서 길 잃으면 어떡하지?"라는 말을 할 정도로 나는 공항에 대한 두려움이 있었다. 하지만 그런 많은 두려움을 넘어 나는 혼자서 비행기도 문제 없이 잘 탔고 유학내내 누구보다 잘 먹고, 잘 지냈다. 그리고 그곳에서의 경험들은 나의 삶을 완전히 바꿔줄 정도로 나에게 소중한 기억이다. 지금 나에게 공항은 생각하는 것만으로 설레는 공간이다. 지금 나는 공항이 너무 좋다. 공항이 주는 설레는 분위기, 그리고 여행의 기대감에 가득 찬 사람들의 모습들. 예전엔 두려움에 보지 못했던 그 모습이 이제는 다 보인다. 그리고 나 또한 그 공간을 누구보다 즐기는 사람이 되었다.

그리고 또다른 두려움을 넘어 선 이야기를 하자면 필리핀에서의 물놀이를 빼먹을 수 없다. 나는 필리핀에서 캐녀닝 체험을 경험해봤다. 캐녀닝은 깊은 협곡에서 급류 타기, 암벽 타기, 다이빙을 함께 즐길 수 있는 체험이다. 나는 농담으로 하루의 캐녀닝 체험을 통해서 인생을 배웠다고 말할 정도로 캐녀닝은 희로애락을 다 즐길 수 있는 체험이다. 그래서 나는 캐녀닝을 수중 액티비티의 끝판왕이라고 칭한다. 캐녀닝은 일단 한번 시작하면 중도 포기할 수 없다. 제일 처음 오토바이를 타고 산을 오르고 더는 차가 진입할 수 없는 곳에 도달하면 걸어서 산을 타기 시작한다. 물

소리를 향해 산을 타고 가다 보면 드디어 물을 만난다. 그리고 본격적인 캐녀닝이 시작된다. 산길로 계속해서 가며 물을 건너고 바위를 탄다. 그리고 절벽을 마주하면 물속으로 뛰어내린다. 이렇게 앞으로 계속 나아가기 때문에 중도 포기를 하고 싶어도 뒤로 돌아갈 수가 없다. 그저 목적지만을 향해 수많은 도전을 계속해서 헤쳐나갈 뿐이다.

앞서 계속 말했듯 나는 수영을 못 하고 물도 무서워한다. 그런 내가 구명조끼 하나에 나를 맡기고 절벽에서 뛰어내린다니…. 상상도 하지 못했던 일이었다. 맨 처음 마주한 다이빙 포인트는 1m 남짓한 곳이었다. 말이 1m지 쉽사리 발이 떨어지지 않았다. 같이 간 친구들이 밑에서 응원해주지 않았다면 절대 하지 못했을 것이다. 그렇게 한 포인트를 넘어갈 때마다 더 깊숙한 곳으로 들어가게 된다. 즉 더 높은 다이빙 포인트를 만나러 간다는 것이다. 물도 넘고 바위도 타고 다이빙도 하면서 더욱더 깊은 산속으로 들어가니 시간이 지날수록 지치는 게 당연했다. 하지만 정말 힘들어질 때마다 귀신같이 보이는 새파란 하늘과 바다, 그리고 말할 수 없이 신비로운 산속의 풍경을 보면 또 힘이 났다. 그렇게 총 12명의 나와 내 친구들 모두 낙오자 없이 모두 마지막 다이빙 포인트까지 오게 되었다. 1m의 다이빙도 무서워 간신히 했던 나였지만 두려움을 이겨내고 뛰어내려 차근차근 더 높은 곳에 결국 도착했다. 그리고 10m 포인트 지점에 도착했다. 이번 포인트는 심지어 뛰어서 다이빙해야 하는 곳이었다. 가장 높은 난이도의 지점이었지만 나는 그전의 경험들에 용기를 얻어 망설임 없이 뛰어내릴 수 있었다. 그리고 그 순간은 나에게 영원히 기억될 순간이 되었다. 그리고 목적지에 도착 후 드디어 점심을 마주했다. 그 순간만큼 밥이 반가웠던 때는 없었다. 그렇게 우리는 희노애(喜怒哀)를 거쳐 락(樂)까지 완벽한 인생을 담아낸 캐녀닝을 잘 마무리했다.

나는 캐녀닝 체험 후 아직도 수영은 못하지만 더는 물이 무섭지 않게 되었다. 두려움을 넘어선 용기가 삶을 바꾼다. 나는 이 말이 너무 좋다. 어떠한 도전이든 시작하기전의 그 두려움이 가장 큰 적이다. 하지만 나는 용기를 내어 두려움을 극복했고, 내 삶을 바꿀 수 있었다. 그리고 나는 어떤 도전에서든 시도할 수 있는 사람이 되었다. 두려움을 다 거쳐야지만 마지막에 더 맛있는 식사를 할 수 있다는 것을 나는 이제 알게 되었다.

05

연애는
만국의 관심사다

　각국에서 모인 다양한 친구들의 주된 관심사는 무엇일까? 다들 무슨 이야기를 할 때 가장 열정적으로 이야기를 나눌까? 내가 보고 느낀 세 번의 유학을 통해 이 질문에 대답한다면 그 답은 바로 '연애'이다. 유학생들로 만나는 친구들은 대부분 연령대가 비슷하다. 비슷한 또래의 친구들과 자유로운 생활 안에서 매일 같이 만나고 생활한다. 또한, 대부분 유학생은 기숙사 생활을 한다. 그러니 정말 자기 전 방에 들어가기까지 계속해서 친구들을 만날 수 있다. 이런 유학 생활이 주는 그 자유로움과 더불어 낯선 해외에서의 새로운 분위기는 사람을 설레게 하기 쉽다. 그러다 보니 어느새 눈에 자주 보이는 사람이 생기기 시작하고 그렇게 다들 유학을 와서 수많은 연애를 하고 간다. 물론 나 또한 그랬다. 나도 첫 유학의 설렘과 외국인에 대한 신기함과 호기심에서였을까. 살면서 연애를 많이 하진 않았지만 대부분의 연애를 유학을 하면서 했다. 그래서 아마 내가 있는 자리에 주된 대화 주제는 연애가 된 것 같기도 하다.

특히 술자리에서의 연애에 관한 이야기는 각국 친구들의 더 솔직한 의견들을 들을 수 있는 시간이다. 취기와 함께 좀 더 솔직해지는 그 시간들을 통해 각국의 다양한 연애관을 들을 수 있었다. 나는 유학을 하면서 연애를 시작하면서 생기는 감정, 혹은 곧 끝이 보이는 연애에 대한 고민, 그리고 현재 연애 중 느끼는 다양한 생각들, 이 다양한 감정과 고민들에 대해서 각국의 친구들과 이야기하며 많은 이야기를 나눴고 그 중 확실히 기억에 남는 건 아시아 국가 친구들의 연애 방식보다는 유럽, 아메리카 친구들의 방식이 내 생각보다 더 많이 아주 크게(?) 열려 있다는 것이었다. 물론 이것은 내 친구들에 따른 것이라 꼭 국가별로 이렇게 차이가 있다는 것은 아니다. 또한, 가치관의 크기가 다른 것이지 틀린 것은 아님을 밝힌다. 어쨌든 나는 이렇게 많은 연애관을 듣고 배우며, 사람에게 있어 사랑에 대한 감정이 얼마나 큰지, 그리고 모든 사람들이 이 감정을 얼마나 크게 생각하는지에 대해 느낄 수 있었다.

연애하면 가장 기억에 남는 친구가 있다. 바로 중국에서의 두번째 학기에서 만난 같은 반 태국 친구 벨레이다. 벨레는 한국 문화를 좋아하는 친구였고 유창하게 할 줄 아는 한국어 문장이 있었다. 그것은 바로 "남자친구 없어요~ 진짜 없어요~"라는 이 문장이었다. 수많은 한국의 예쁜 문장들이 있는데, 이 문장을 외운 것을 보고 알 수 있듯이 벨레는 연애에 관한 관심이 아주 많은 친구였다. 중국에서의 두 번째 학기, 그 당시 나는 남자친구가 없었기 때문에 이런 벨레랑 아주 잘 통했다.

그 당시 우리가 입에 달고 사는 단어가 있었다. 그것은 바로 '帅哥'(잘생긴 남자를 부르거나 이르는 말로 '슈아이거'라고 발음한다.)였다. 우리는 매일 "슈아이거 찾으러 가자.", "슈아이거 만나고 싶다."라며 애타게 '슈아이거'를 찾아다녔다. 그리고 나보다 벨레가 먼저 슈아이거를 찾았다. 그날은 나랑 한국인 친구 그리고 벨레랑 클럽에 갔던 날이었다.

여느 때와 같이 셋이 잘 놀고 있다가 잠시 흩어지게 되었는데, 벨레를 다시 찾아가보니 웬 남자들이랑 놀고 있었다. 알고 보니 벨레의 중국 친구들이었다. 우리 셋 모두 중국어로 의사소통에 어려움이 없었기 때문에 자연스럽게 중국인 친구들과 어울릴 수 있었다. 그렇게 5명이서 잘 놀고 있는데 벨레와 그중 한 명과의 분위기가 예사롭지 않았다. 그 둘만 빼고 다 알고 있는 듯한 분위기였다. 그렇게 시간이 흘러 슬슬 돌아가려 하는데 아무래도 그분은 벨레와 헤어지기 싫은 듯한 눈치였다. 벨레도 같은 마음인 것 같았다. 하지만 둘이서는 조금 어색했는지 그분이 먼저 나와 친구를 붙잡았다. 나랑 친구가 있으면 분명 벨레도 부담 없이 더 같이 있을 거라는 것을 알고 있었던 것이었다. 그렇게 나와 친구는 벨레를 위해 새벽이 다 된 시간 그 친구들을 따라나섰다. 한참을 고민하다 간 다음 장소는 한국식 찜질방이었다. 한국인인 우리를 위한 나름의 배려였던 것 같다. 그렇게 나와 친구는 벨레를 위한 우정의 힘으로 새벽 찜질방 행을 택했고, 중국에서 처음 찜질방을 가게 되었다. 그리고 찜질방에서 나는 친구와 눈치껏 다른 친구를 데리고 빠져나와 셋이 열심히 찜질을 하며 친구의 연애를 진심으로 응원했던 기억이 아직도 생생하다.

그리고 또 내가 연애는 만국의 관심사라는 것을 느꼈던 때는 바로 필리핀에서의 그룹 수업에서였다. 내가 다니던 어학원에서 꽤 유명한 선생님이었던 준드레이는 잘생긴 외모와 장난기를 가진 호감형의 사람이었다. 그리고 또 준드레이가 유명했던 이유 중 하나는 바로 그곳에서 만난 한국인 학생과 연애를 하고 있기 때문이었다. 나는 그런 준드레이의 그룹 수업 학생이었고, 그 수업은 내가 가장 좋아하는 수업이었다. 그 당시 수업에는 일본, 대만, 베트남 그리고 나를 포함한 한국 학생 몇 명이 함께했다. 그중 일본 친구가 유독 장난기가 많은 친구였고 준드레이와의 케미가 잘 맞아 늘 재밌는 수업의 분위기가 만들어졌다. 그리고 그 중심에는 항상 준드레이의 한국인 여자친구 얘기가 있었다. 그렇게 시작된 연애 이야기는 모두의 흥미를 끌 수 있었다. 그 안에는 다소 짓궂은 질문들도 있었지만 같이 수업을 듣는 친구들 모두 그 분위기를 맞출 줄 아는 친구들이었다. 준드레이 그룹 시간은 가장 졸리고 시간이 안 간다는 점심시간 바로 다음 수업이었다. 하지만 그 수업만큼은 한 명도 조는 사람 없이 다들 웃기 바쁜 수업이었다. 다른 교실에서 수업을 마치고 나오는 친구들과 다르게 우리는 누구보다 말똥말똥한 눈을 가지고 교실을 나왔다. 이러한 경험을 통해 나를 포함한 각국의 친구들은 모두 연애에 대해 깊은 몰입도를 가진다는 것을 알게 되었다. 그리고 그것이 어떤 이야기보다 가장 재밌어하는 주제라는 것을 모두 느낄 수 있었다. 그래서 나는 연애는 만국의 관심사라는 말에 백번 공감한다.

06

현재에 집중해야
나에게 집중할 수 있다

나는 한 가지에 빠지면 깊이 빠지는 스타일이다. 한 음식에 꽂히면 하루 세 끼 그 음식만을 먹기도 하고, 또 한 노래에 꽂히면 몇 날 며칠을 그 한 곡만을 반복해 듣곤 한다. 이런 나의 성격은 잘 활용한다면 내 목표에 대한 열정으로 만들 수 있다. 하지만 또 다른 방면으로 보면 이것은 나를 계속해서 잡아먹는 무서운 집착이 될 수도 있다. 나는 지금 이 에너지를 열정으로 잘 활용하고 있다. 하지만 이전에 나는 이 에너지를 집착으로 사용하고 있었다. 그리고 이것은 나 자신을 가장 힘들게 했던 힘이었다.

물건을 잘 사기 위해서는 두 가지의 조건을 비교해 결정을 해야 한다.

그리고 두 가지 조건 A와 B의 차이점을 비교하고자 한다면 그 두가지를 동등한 조건 아래에 두어야 한다. 그래야지만 아무 문제 없이 이성적으로 두가지의 차이점을 잘 파악할 수 있다. 하지만 나는 내 경험에 대해서는 이성적인 비교를 하지 못했다. 나는 이전 내 행복했던 기억에 이미 모든 기준을 맞추고 지금 현재를 비교했다. 그러니 지금 내가 처한 현재 상황에 대해 늘 불만족을 느낄 수 밖에 없었다.

나는 첫 유학을 통해 내가 경험한 모든 것들이 너무나도 만족스럽고 또 그 어느 때보다 행복한 순간이라고 말한다. 또한, 처음이라는 설렘은, 이 도시에서 경험한 모든 것을 더욱더 특별하게 만들었다. 그리고 이 에너지는 나에게 열정이 아닌 집착이 되었다. 나는 너무 특별한 그 순간을 벗어나지 못하고 있었다. 그래서 다음 학기 다른 도시에 도착하자마자 나는 바로 나의 첫 번째 유학의 순간을 그리워했다.

첫 학기에서의 나의 모습들, 같이 지내던 친구들, 하다못해 학교 앞 간식들까지 모든 게 다 그리웠다. 그리고 그것과 같은 것들을 찾을 수 없다는 이유로 바로 그 생활에 바로 만족할 수 없었다. 하지만 두 번째 학기는 기숙사 환경이 더 좋았고, 물가도 더 저렴해 생활하는 데 있어서 부담이 덜했다. 심지어 내가 좋아하는 여행을 다니는 데 있어서 더 좋은 위치에 있어 더 많은 곳을 쉽게 다닐 수 있었다.

하지만 맨 처음 나는 이전의 기억과 같은 것만 찾으려 했기에 이러한 모든 게 보이지 않았다. 하지만 그곳에 서서히 적응해가기 시작했고, 새로운 사람들과 어울리며 이곳을 즐기게 되자 나는 첫 번째 학기에서의 비교를 멈출 수 있었다. 그리고 이곳의 장점들을 볼 수 있게 되었다.

그렇게 두번째 학기도 너무나 잘 지내며 중국에서 수많은, 그리고 너무 즐겁고 소중한 경험을 가지게 된 나는 또다시 내 생활의 기준을 더 높고 크게 만들었다. 한 장소를 넘어 한 나라 그리고 그곳의 모든 것에 깊이 빠져버리게 되었다. 그런 내가 그곳을 벗어나자 큰 우울감이 찾아왔다. 나는 중국에서 돌아온 뒤 바로 복학을 했다. 그동안 누구보다 자유롭게 친구들과 어울리며 즐거운 캠퍼스 생활을 즐기던 나였다. 하지만 돌아온 한국에선 왕복 4시간의 장거리 등굣길이 나를 기다리고 있었고, 나는 친한 동기들이 없는 복학생이 되어버렸다. 우울감과 무기력함에서 벗어날 수가 없었다. 나는 이미 내 모든 기준을 중국 생활에 두고 돌아온 한국에서의 내 상황을 받아들이지 못했다. 심지어 평생 가족과 함께 살

다가 고작 1년 떨어져 지낸 건데 가족들이랑 지내는 집이 불편하기까지 했다. 그냥 그때는 모든 것이 다 불만족스러웠다. 한국에서 중국에서의 모든 것을 똑같이 찾으려고 했으니 찾을 수가 없는 것은 당연한 사실이 었는데 나는 그것을 전혀 깨닫지 못했다.

최은영 작가의 『쇼코의 미소』에 나온 "행복한 기억은 보물처럼 보이지 만 타오르는 숯과 같아."라는 이 문장은 내가 공저로 참여한 책에도 적을 정도로 나에게 의미 있는 문장이다. 이 문장을 통해 나는 내가 계속 편파 적으로 비교를 하고 있었구나 깨닫게 되었다. 그리고 이 문장은 내가 혹 시 지금 잘못된 비교를 하고 있지는 않은지 계속해서 나를 다잡는 문장 이기도 하다.

나는 예전 계속 내 가장 행복한 기억만 모아 떠올리며 그만큼의 행복 을 느끼지 못하는 지금을 탓하고만 있었다. 환경이 바뀌면 바뀐 곳에 대 한 새로운 기준에 맞춰야 하는데 나는 내 과거의 기준을 가지고 그것과 똑같은 것만 찾으려 했다. 그런 나에게 이 문장은 지금 나는 손에 숯을 꼭 쥐고 있다는 것을 알려줬다. 타오르는 숯은 적당히 거리를 두어야 따 뜻함을 느낄 수 있다. 당장 너무 춥다고 타오르는 숯을 손에 쥔다면 내

손은 검게 더럽혀질 뿐 아니라 화상을 얻을 수밖에 없다. 한 발자국 떨어져 타오르는 숯을 봐야지 예쁘게 타오르는 숯의 모습을 볼 수 있을 뿐만 아니라 적당한 온기를 느낄 수 있다.

그런 나에게 이 문장과 더불어 내게 현실에 집중할 수 있게 도와준 친구가 있다. 내가 중국에 대한 그리움에 한참 빠져 헤어나지 못하고 있을 때였다. 나는 그 당시의 함께했던 사람들을 계속 찾았다. 그리고 나는 각자의 나라로 귀국 후에도 꾸준히 연락을 주고받고 있던 내 일본 친구 마사히코를 찾았다. 당시 우리는 둘 다 취업을 준비하는 취업 준비생이었고 취업의 험난함을 누구보다 잘 느끼고 있었다.

아마 그날은 내가 자기소개서를 쓰다 너무 지쳐 머리를 식힐 겸 마사히코한테 연락한 날인 것 같다. 마사히코는 같이 생활하던 당시에도 물론이고 각자의 나라로 돌아가고 나서도 변함없이 장난도 많이 치고 쓸데없는(?) 말들도 부담 없이 할 수 있는 친구였다.

그렇게 그날도 평소와 같이 시답지 않은 농담과 이야기들을 주고받으며 중국에 너무 돌아가고 싶다는 말을 했었다. 그러자 마사히코는 중국에 돌아가서 뭘 하고 싶냐고 물었다. 나는 지금 내 상황에서는 중국에 돌아가고 싶은 마음이 가장 컸기에, 가서 무슨 일을 해도 좋으니 중국에 가고 싶다고 했었다. 지금 생각해보니 참 철없는 말이었다. 그리고 나는 생각지도 못한 장문의 문자를 받았다.

마사히코가 보낸 장문의 문자 내용은 이러하다.

"나도 중국에서의 시간이 너무 좋았기 때문에 처음에는 그저 중국에서 돌아갈 기회가 있다면 아무 일이나 해도 괜찮다고 생각했어. 하지만 다시 내 생활에 대해서 생각해보니 장소도 물론 중요하지만 내가 지금 진짜 하고 싶은 게 무엇인지가 더 중요한 것 같아. 그러니 지금 네가 좋아하고 하고 싶은 일이 뭔지를 잘 생각해봐."

나는 이 문자를 받고 몇 번이고 계속 읽고 또 읽었다. 그저 철없이 같이 장난치고 놀던 그 친구가 나를 위해 이렇게 자기의 생각을 전해준다는 것에 대해 정말 큰 감동을 받았다. 아마 나는 내 친구가 나에게 내가 했던 것처럼 말을 했다면 나는 그저 "맞아! 나도 그때로 돌아갈래."와 같이 가볍게 그 말을 넘겼을 것이다. 하지만 마사히코는 나의 당시의 생각과 말을 그냥 지나치지 않고 진심 어린 조언을 해주었다. 그 마음이 너무나도 고마웠다. 이렇게 좋은 책과 좋은 친구의 진심 어린 조언 덕분에 나는 나의 모습을 깨달을 수 있었다. 나는 내가 계속 놓치고 있던 현재에 집중하는 법을 알게 되었다. 또한, 행복한 추억을 추억으로 남겨둘 수 있는 여유를 가지게 되었다. 지금도 이러한 내용을 쓰면서 그때의 기억이 떠올라 그 당시의 모든 것들이 그립기도 하다. 하지만 그 감정에 휩쓸려 지금 내 삶에 영향을 미치진 않는다. 나는 이제 과거가 아닌 현재에 그리고 지금의 내 모습에 집중하는 사람이다. 그래서 내 미래가 더욱더 기대된다.

07

많이 해보는 것이
결국 정답이다

내가 무엇을 좋아하는지 무엇을 하고 싶은지 처음부터 명확하게 아는 사람이 있을까? 어릴 때 내가 좋아하던 것들을 과연 지금까지 모두 다 좋아하고 있을까? 나도 내가 무엇을 좋아하고 잘할 수 있을지에 대한 대답에 이제서야 조금씩 확신이 들고 있다. 그리고 이런 확신을 가질 수 있는 힘은 내 20대 초반의 수많은 경험으로부터 나왔다고 믿는다. 많이 해보는 것이 결국 정답이다. 여기에서 '많이'에는 두 가지의 뜻이 있다. 하나는 다양하게 많이 해보는 것. 그리고 또 하나는 한 가지를 많이 해보는 것. 그리고 나는 먼저 다양하게 많이 해보는 것에 관해 이야기해보고자 한다.

지금 나는 중국어를 너무 사랑한다. 하지만 고등학생 때만 해도 당시 나에게 왜 배우는지 가장 이해가 안 되었던 과목은 중국어였다. 흥미가 없으니 당연하게 배울 시도조차 해보지 않았다. 그런 내가 중국어를 전공하게 되고 중국 유학까지 다녀오다니! 예전의 나로서는 정말 상상하지 못할 일이다. 그래서 나는 이것저것 모두 마주하는 대로, 끌리는 대로 많이 시도해봐야 나를 알 수 있다고 생각한다. 내가 싫어하는 무언가가 다양한 경험을 통해서 언제 어떻게 좋아하는 것이 되고 그것으로 어떠한 기회를 만들어낼 수 있는지는 그 아무도 모르는 것이다.

그리고 그렇게 다양한 경험으로 생긴 나의 또 다른 변화는 바로 입맛이다. 나는 원래 향신료들을 싫어했다. 특히 맨 처음 고등학생 때 중국 여행으로 향신료를 접했을 때만 해도 당시 한 번도 맡아보지 못했던 이국적인 향은 당시 토종 국내파였던 나에게 큰 이질감을 느끼게 했다. 그래서 제대로 먹어보지 않았음에도 불구하고 나는 향신료가 싫다고 생각했다.

그렇게 시간이 흐르고 나는 중국 유학을 떠났다. 내가 향신료를 좋아하게 된 결정적 이유는 바로 중국에서의 다양한 음식들을 먹어봤기 때문이라고 생각한다. 한국에서는 낯선 재료지만 중국에서의 쯔란, 그리고 팔각 등의 향신료는 모든 음식에 다양하게 이용되는 음식 재료이다. 그러다 보니 유학 생활을 통해 자연스럽게 여러 가지의 향신료 음식들을 접하고 시도하게 되었다. 그리고 향신료를 그렇게 싫어한다고 말했던 게 무색할 만큼 지금 집에 따로 향신료 재료들을 사둘 정도로 나는 향신료들을 좋아한다.

그리고 다양하게 많이 해보는 것과 더불어 한 가지를 많이 해보는 것. 이것은 늘 강조되는 반복 학습의 중요성이다. 반복을 통해 그만큼 익숙해지면 진가를 더 잘 드러낼 수 있다. 특히 언어를 배움에 있어서 반복은 특히나 더 중요하다. 외국어를 할 때는 무의식적으로 말을 뱉기보단 한 번 생각하고 말을 뱉을 때가 더 많다. 특히 중국어는 성조가 있는 언어라서 긴 문장일수록 성조가 헷갈린다. 그래서 처음 유학을 할 당시만 해도 나는 긴 문장을 자연스럽게 말하는 게 너무 어려웠다.

"加金针菇和里脊, 不要放香菜, 请帮我切一半!"
(팽이버섯이랑 등심 넣어주시고요. 고수는 빼주세요. 그리고 반으로 잘라주세요!)

이 문장은 내가 유학을 막 시작할 당시 제일 유창하게 말할 수 있는 가장 긴 문장이었다. 나는 쇼좌빙(手抓饼; 손으로 잡아서 먹는다는 뜻으로, 중국식 전병 안에 채소와 고기 등을 넣어서 먹는 음식)을 굉장히 좋아했다. 얼마나 좋아했냐면 오후 간식으로 먹고 산책하고 돌아오면서 저녁으로 또 먹을 정도였다. 하나에 꽂히면 끝없이 꽂히는 나였기에 떠나기 전날까지 열심히 쇼좌빙을 먹었다.

처음 쇼좌빙을 주문할 때만 해도 나는 중국어로 팽이버섯, 등심과 같은 단어들을 알지 못했다. 그래서 '이거랑 이거 주세요.' 하며 손가락으로 음식을 가리키며 주문을 할 수 밖에 없었다. 만약 가게 앞에 사람이 붐비면 주문하기 위해서 앞에 먼저 온 사람들이 빠지기를 기다려야 했다. 하지만 수업 중 쉬는 시간을 통해 왔을 때처럼 여유가 없는 시간에는, 매번 사람이 빠지기를 기다릴 수 없었다. 그래서 나는 저 뒤에서도 말로 주문을 하기 위해 이 문장을 외웠다. 또한, 늘 많은 사람들이 북적거리던 곳이었기에, 정확하게 말을 하지 못하면 아주머니가 알아듣기 어려워 했다. 나는 그래서 문장을 더 자연스럽게 그리고 또박또박 말을 하기 위해 연습했다. 그리고 실전으로 주문할 때 꼭 내가 외운 말을 사용해서 주문을 했다. 그 결과 저 문장만 들어서는 내가 한국인인지 모를 만큼 나는 중국어로 유창하게 주문을 할 수 있었다. 이처럼 물건을 살 때, 주문할 때와 같은 생활 속에서 계속해서 반복하는 단어와 문장들이 점차 익숙해지고 늘어나면서 내 중국어 실력은 자연스럽게 늘었다.

또 하나 반복의 힘을 느꼈던 부분은 바로 취업 시 면접 준비를 하면서이다. 나는 올해만 해도 자의 반 타의 반으로 벌써 세 번의 이직을 했다. 내가 취업을 준비하면서 가장 자신 있는 부분은 바로 면접이다. 나는 세 번의 이직을 준비하면서 면접을 정말 많이 경험했다. 한참 많이 보러 다닐 때는 하루에 세 개의 면접을 봤던 경험도 있다. 그러니 그날 마지막 면접은 떨기는커녕 즐기면서 면접을 보기도 했다.

첫 면접에서도 나는 그렇게 여유로운 모습이었을까? 나의 첫 면접은 대학교 3학년 때, 교환학생 프로그램을 위한 면접이었다. 교환학생으로 중국 대학교를 갈 수 있는 프로그램이었고 복학 후 중국에 너무나도 돌아가고 싶던 나에게는 중국을 다시 갈 수 있는 좋은 기회였다. 나는 망설임 없이 참여했고 서류 통과를 거쳐 첫 정식 면접을 경험했다. 내 인생의 첫 면접의 경험은 '긴장'이라는 이 한 단어로 다 표현할 수 있다. 엄숙한 분위기와 내 예상에 없던 날카로운 질문들은 사람이 긴장하면 머릿속이 백지장이 된다는 그 말을 절실히 느끼게 해주었다. 그렇게 당연히 면접은 떨어졌고, 나는 면접이라면 치를 떠는 사람이 되었다.

그랬던 내가 다시 취업 시장에 뛰어들면서 면접을 다시 만나게 되었다. 첫 면접의 기억으로 면접이 두렵지만 면접을 피할 수 없었다. 그렇게 취업을 준비하면서 쌓인 면접 경험이 한 번, 두 번, 단기간 내에 빠르게 쌓이다 보니 서서히 면접에 익숙해지기 시작했다. 또한 나는 비슷한 업무에 계속 지원했기 때문에 받는 질문이 크게 다르지 않았다. 그러다 보니 나중에는 어떠한 질문에도 외워서 대답하는 것이 아닌 자연스럽게 나오는 나의 생각을 말할 수 있었고, 면접에서 좋은 결과를 얻어 두 번의 이직 모두 비교적 빠르게 성공할 수 있었다.

이렇게 다양하게 많이 해보는 경험 안에서 나는 내가 좋아하는 것, 내가 몰랐던 것을 알아갈 수 있었다. 그리고 그렇게 알게 된 내가 좋아하는 것들을 많이 반복해서 하다 보니 나는 어느새 내가 좋아하는 일을 잘할 수 있게 되었고 그런 내 삶에 만족한다. 그래서 나는 더 많이 도전해보라고 말을 하고 싶다. 새로운 도전이 어떠한 생각지 못한 결과를 가져올지는 아무도 모른다.

08

배움을 즐기는
사람을 이길 수 없다

子曰: 知之者不如好之者, 好之者不如樂之者.

(자왈: 지지자 불여호지자, 호지자불여락지자.)

"어떤 사실을 아는 사람은 그것을 좋아하는 사람만 못하고, 좋아하는 사람은 즐기는 사람만 못하다."

공자님께서 말씀하신 이 말은 내가 중국어를 공부하는 것을 본 한 중국선생님이 내게 해준 말이다. 나는 이 말의 뜻을 찾아보고 '진짜 내 얘기네!' 하고 백번 공감했다. 지금 나는 공자님의 말씀처럼 그 누구보다 즐겁게 중국어를 하고 있기 때문이다.

나는 내가 좋아하는 언어로 다양한 국가의 사람들과 생각을 나누고, 소통할 수 있다는 게 너무 즐겁고 행복하다. 그래서 나는 내가 하고 싶은 말들을 더 많은 단어와 다양한 표현법들을 가지고 지금보다 자유롭게 말하고 싶다. 나는 내 생각을 전달하는 데 큰 어려움이 없지만, 아직 내가 표현하고 싶은 것들을 100% 자연스럽게 표현해내지 못한다. 나는 언어를 말하는 데 있어서 문법적으로 완벽한 문장을 말하는 것에 집착하지 않는다. 나는 나의 감정과 느낌을 전달하는 데 있어서 더 정확하게 내 말을 전하는 것이 중요하다고 생각한다. 그러기 위해서는 나는 문법적으로는 틀리지만, 중국인들이 말하는 실생활에서 말하는 습관, 자주 쓰는 표현들을 배우는 것을 더 좋아한다. 그리고 나는 그러한 말들을 익히기 위해 계속해서 노력하고 있다. 책에서 가르쳐 주지 않는 진짜 중국어. 정확한 중국어보다는 자연스러운 중국어를 구사하는 것이 내 목표이다.

나는 지금 따로 문제집을 사서 공부하거나, 학원을 다니며 중국어 공부를 하고 있지는 않다. 내가 지금 중국어 공부를 하고 있다고 말할 수 있는 부분은 전화 중국어뿐이다. 나는 보통 퇴근 후 전화 중국어를 한다. 친구가 퇴근 후 전화 중국어를 한다는 나를 보고 대단하다고 말해준 적이 있다. 하지만 중국어로 말하는 것을 좋아하는 나이기에 나는 전화 중국어를 하는 시간을 배움, 그리고 공부라고 생각하지 않는다. 나는 그저 내가 좋아하는 것을 하는 것뿐이다. 나는 그저 중국어로 수다를 떠는 그 순간이 즐거워서 퇴근 후 전화 중국어를 할 수 있는 것이다. 그리고 그렇기 때문에 내가 지금까지 꾸준히 중국어를 사용할 수 있다고 믿는다.

내가 하는 전화 중국어는 다양한 주제를 선택할 수가 있다. 그리고 나는 보통 여행과 같은 내가 좋아하는 주제에 대해서 많이 이야기한다. 그리고 그러한 주제로 나와 코드가 맞는 선생님을 만나 얘기를 하다 보면 30분 수업 내내 웃기 바쁘다. "너도 그래? 이거 진짜 좋지." 하며 호들갑을 떨기 좋아하는 나는 같이 반응해주는 사람이 있으면 세상 모르게 신이 나서 떠든다. 그런 내 모습을 본 아빠가 "그렇게 웃기만 할 거면 수업료를 반만 내야 할 것 같다."라고 농담을 한 적이 있다. 나는 내가 그렇게 웃는지도 몰랐는데 아빠의 그 한마디로 내가 중국어를 얼마나 좋아하고 즐기고 있는지 알게 되었다. 내가 전화 중국어를 하고 나면 엄마와 아빠는 수업하는 데 뭐가 그렇게 웃기느냐고 항상 궁금해한다. 나도 잘 모르겠다. 생각해보면 엄청 특별한 얘기를 했던 것도 아닌데 이상하게 나는 중국어로 얘기할 때 늘 신나 있다. 그래서 나는 계속해서 내가 중국어를 사용할 수 있는 기회를 만들어내고 있다. 그리고 그중 하나는 중국어를 사용할 수 있는 일을 내 직업으로 만드는 것이다.

나는 이전부터 지금까지 모두 다 중국어를 사용하는 업무를 경험하고 있다. 일을 하면서 계속해서 중국어를 쓰며 중국인들과 소통한다. 물론 친구들과 그리고 전화 중국어를 통해서 하는 것과 같이 재미있는 이야기를 나누는 것은 아니지만, 내가 좋아하는 것을 하면서 일을 할 수 있다는 것은 얼마나 뿌듯한 일인지 모른다. 또한, 나는 일을 하면서 내가 몰랐던 새로운 분야의 단어들 그리고 표현들을 끊임없이 마주한다. 그렇게 나는 일하는 내내 중국어를 보고 배우고 익힌다. 돈도 벌면서 내가 좋아하는 것을 배우고 익힐 수 있으니 일하는 게 힘이 들기는 하지만 싫지는 않다.

그리고 또 다른 중국어를 사용할 수 있는 기회를 만들기 위해 중국어 스터디와 같은 활동들을 많이 찾아다녔다. 그렇게 열심히 찾아보던 중 한 언어 교환 프로그램 활동을 찾게 되었다. 이곳의 프로그램은 각 나라의 호스트들을 중심으로 형식 없이 자유롭게 대화를 나누며 사람을 만날 수 있는 곳이었다. 내가 찾고 있던 바로 그런 활동이었다. 그리고 나는 한가득 기대를 안고 퇴근 후 바로 그곳으로 향했다.

나는 대부분 서울에서 회사 생활을 했었다. 그중 강남에서 가장 오래 회사를 다녔다. 특히 강남에서 직장 생활을 하시는 분들이라면 공감할 퇴근길 강남역의 모습. 사람 가득한 전철, 그리고 끝없이 밀리는 도로. 이런 환경에서, 나는 집에서 강남까지 왕복 최소 3시간의 거리에서 출퇴근을 하고 있었고, 그러다 보니 사실 나도 퇴근 후에 많은 것을 하는 편은 아니었다. 계획한 일이 있더라도 사람 가득한 퇴근길에 지쳐 계획한 일을 종종 취소하기도 했었다. 하지만 다른 건 몰라도 이상하게 중국어에 관해서는 어떻게든 시간을 마련했던 것 같다. 내가 좋아하고 즐기는 것이니 힘들지가 않았다.

기대하고 도착한 언어 교환 활동 공간은 내 기대보다 더 멋진 곳이었다. 들어가자마자 느껴지는 사람들의 에너지에 나는 설렘에 휩싸였다. 카페 형식으로 각 테이블과 바가 있는 공간에, 언어별로 테이블이 나뉘어 있었다. 참가비에 포함된 쿠폰으로 음료, 술, 티 등을 자유롭게 마실 수 있었던 것도 좋았고, 무엇보다 평일임에도 내가 생각했던 것보다 수많은 사람, 특히 외국인들이 있어서 놀랐다. 나는 바로 중국어 테이블에 앉았고 우리 테이블에는 호스트인 내 또래의 중국인 유학생 친구와 먼저 온 한국인 두 분이 계셨다. 평일이기도 해서 사실 많은 사람들이 있을 거라 기대하지 않았는데 어느새 4명, 이어서 8명, 16명까지 늘어난 사람 중에서는 한국인은 오직 4명뿐이었다. 정말 오래간만에 느껴보는 중국어에 둘러싸인 환경이었다.

그중에는 중국 친구들뿐만 아니라, 대만 친구들도 있었고 중국어를 이제 막 배우는 미국인 친구도 있었다. 유학생으로 한국에 공부하러 왔거나, 한국에서 직장 생활을 하는 분들이었다. 대부분이 한국어를 굉장히 잘하셔서 나는 한국어를 어떻게 공부했냐고 물었다. 그 자리에 있던 대부분 사람의 대답은 따로 공부한다기보단 이런 소통의 자리를 자주 활용하면서 언어를 배웠다고 한다. 퇴근하고 혹은 수업을 마치고 시간이 있을 때마다 자주 여기에 놀러 온다는 것이었다. 다들 공부하고 배우러 온다는 표현이 아닌 놀러 온다고 말한 그 모습을 보면서 이 사람들은 모두 배움을 즐기는 사람들이었기 때문에 이렇게 '수준급의 한국어 실력을 갖추고 있구나!' 하고 느끼게 되었다.

나는 내가 중국어를 즐긴다는 것을 깨닫고, 그리고 한 분야에서 높은 수준을 가진 사람들을 만나보면서 가장 많이 느낀 점이 있다. 그것은 바로 배움을 넘어서 내가 하고자 하는 것을 즐기는 사람이 가장 행복하다는 것이다. 그리고 결국 그 즐기는 사람이 가장 높은 경지에 다다를 수 있다는 것이다. 즐기는 사람을 이길 방법은 없다. 그래서 나는 더 많은 것을 즐기기 위한 삶을 내 목표로 삼았다.

김은서

김은서

5장

나는 **유학**으로
더 넓은
세상을 만났다

01

20대 중반 내가
이토록 당당할 수 있는 이유

20대 중반 내가 지금 이렇게 당당할 수 있는, 자신감이 있는 사람이 될 수 있었던 가장 큰 계기는 유학을 통해서라고 확신한다. 나는 새로운 곳에서의 도전들을 모두 성공적으로 마치고 돌아왔다. 나는 유학을 통해 수많은 각국의 친구들과 누구보다 잘 어울리며 생활했다. 또한, 그 나라의 문화와 분위기를 완전히 익히며 새로 마주한 나라들을 깊게 경험하고 도전에 대한 즐거움을 알게 되었다. 세 번의 유학 동안 아프지 않고, 건강하고 즐겁게 잘 먹고 잘 지내고 온 나의 경험은 내 인생의 첫 번째 터닝 포인트를 만들었다. 그 기회를 잡고 잘 누리고 돌아온 나를 돌아보면서 나는 결국 다 해낼 수 있다는 사람이라는 것을 깨달았다. 그리고 그 자신감을 가지고 지금 나는 많은 도전을 하고 있다.

　나의 최근 가장 큰 변화는 이전에는 너무도 싫어했던, 가장 멀리했던 분야인 자기계발서를 찾아 읽기 시작했다는 것이다. 나는 독서를 좋아한다. 그래서 다양한 분야의 책을 접하는 데에 있어 거부감이 있는 편은 아니다. 하지만 이상하게 나는 유독 자기계발서에는 전혀 흥미와 관심이 없었다. 읽어보려 몇 번 시도를 했지만 당시 내가 느끼기에 자기 계발서의 내용들은 결국은 다 똑같은 얘기 같았다. 그리고 그 안에서 주는 결론은 마치 뜬구름 잡는 이야기와 같이 느껴졌다. 그래서일까 나는 늘 그 속에서의 조언들은 내 상황에는 어울리지 않는다고 생각했다. 하지만 지금 나는 더 넓고 다양하게 생각할 수 있는 힘으로 내가 꿈꾸는 삶에 대한 목표를 가지고 있다. 그리고 목표에 더 빨리 도달하기 위해 많은 방법을 찾고 있다. 그렇게 나는 다시 한번 자기계발서를 펼쳤다. 그리고 다시 마주한 책 속에서 나는 예전에는 전혀 느끼지 못했던, 내 삶에 대한 열정과 확신을 얻을 수 있었다. 예전에 나는 내가 원하는 삶에 대한 목표가 없었다. 그래서 책에서 말하는 목표를 위한 많은 도움과 조언이 다가오지 않았다. 그러나 지금은 나는 내가 꿈꾸는 삶이 있고 이따금씩 그 마음이 흔들릴 때마다 다시 내 목표를 잡기 위해 더 자기계발서를 찾아 읽는다.

그런 내가 자기계발서를 통해 가장 크게 느끼고 얻는 것은 바로 말의 힘이다. 자기계발서의 단골 내용은 바로 매일같이 내가 원하고 꿈꾸는 모습을 외치라는 것이다. 그리고 지금의 나는 자기계발서의 말처럼 내가 말하는 대로 내 삶이 이뤄진다는 것을 믿는다. 말의 힘은 내 스스로의 삶을 바꾸는 데에도 엄청난 힘을 가지고 있다. 그뿐만 아니라 내 말이 다른 사람에게, 혹은 다른 사람의 말 한마디, 한 단어가 나에게 얼마나 큰 영향을 주는지도 알고 있다. 그래서 나는 더욱더 말의 힘을 키우기 위해 노력하고 있다.

나는 필리핀 유학에서 만난 선생님으로부터 말의 힘을 경험했다. 유학에서의 수업 단골 내용 중 하나는 가족을 소개하는 것이다. 나도 왜 그런지는 잘 모르겠지만 가족에 관한 얘기를 할 때마다 나는 당시 미워했던 오빠 얘기를 꼭 했다. 나와 가까운 사람들이라면 내가 얼마나 오빠를 싫어하는지는 익히 다 알고 있는 일이었다. 그때는 그저 그 마음을 공감받고 싶어서 그렇게 말했나 싶었는데 지금에 와서야 비로소 느끼게 되었다. 나는 당시 오빠와의 관계에 대해 해결책을 찾고 싶었던 것 같다.

나는 필리핀에서의 1:1 수업에서 친한 선생님들과는 종종 수업이 아닌 내 이야기를 하는 시간을 가졌다. 그리고 나는 내가 정말 좋아하는 지니한테 내 당시 마음과 감정들을 많이 얘기했었다. 그중에서도 특히 가족 얘기를 많이 했었고 당연히 오빠와의 다툼에 대해서도 이야기를 나눴다. 그리고 지니는 얘기를 나눠주어서 고맙다는 말과 함께 이 말을 해주었다.

"앤씨(내 영어 이름), 너는 오빠와 화해를 할 수 있어. 너는 분명히 먼저 오빠에게 다가갈 수 있는 사람이야."

나의 이야기를 알고 있는 사람들로부터 가장 많이 들은 말은 '얼른 화해해라, 먼저 사과해라.'와 같은 말들이었다. 특히 부모님으로부터 '오빠랑 사이좋게 지내라. 화해해라.'와 같은 말을 수없이 들었다. 그런데 나는 그런 말을 들으면 이상하게 오빠에 대한 적대심이 먼저 들었다.

그런데 지니가 말해준 '나는 화해를 할 수 있다'는 말은 달랐다. "해라"와 "할 수 있다"라는 이 한 단어가 얼마나 큰 차이를 만들 수 있는지를 알게 해줬다. 비록 긴 시간은 아니지만, 필리핀에서 내가 보여준 나의 모습을 보고 나를 믿어주는 지니의 말은 내게 큰 용기를 주었다. 그리고 진짜로 나는 지니의 말대로 먼저 오빠를 찾았고 대화를 시도했고 그렇게 화해를 했다. 한마디도 아닌 한 단어가 주는 말의 힘이 이렇게 크다. 나는 그 말이 아니었다면 아마 지금 내 도전과 목표로 나아가는 데 있어 긍정적인 영향을 주고 있는 오빠와 여전히 냉담한 채로 지내고 있을 수도 있다. 그래서 나는 더욱더 말의 힘을 믿고 한마디 한마디에 더 신경을 쓰게 되었다. 이렇게 나에게 말의 힘을 경험하게 해주고, 내가 한국으로 돌아가기 전 전해준 편지에서도 끝까지 나에 대한 응원과 믿음을 보여준 지니를 알게 됨에 정말 감사하다.

이러한 경험으로 나는 말의 힘을 가지고 나의 목표를 열심히 말하고 있다. 그리고 매일 꿈꾸고 말하는 나의 모습들은 이미 나에게는 너무 익숙하다. 너무 익숙해 오히려 내가 지금 매일같이 꿈꾸는 그 순간을 진짜로 마주했을 때 새로운 감격이 없을 것 같다는 생각이 들 정도이다. 나는 그만큼 나의 성공을 확신한다. 그것이 바로 20대 중반, 내가 이토록 당당할 수 있는 이유이다.

02

내가 지금
책을 쓸 수 있는 이유

나는 지금 20대의 중반에 서 있다. 회사에 다니는 친구들도 있지만 아직 공부하거나 취업을 준비하는 친구들이 더 많은 지금의 나이. 이렇게만 보면 아직은 어리기만 한 20대의 중간. 그러나 한편으로는 이제 '30'이라는 숫자를 서서히 생각해보면서 많은 선택의 무게를 느끼게 되는 나이이기도 하다. 이런 나이를 지나가고 있는 나는 올해 참 많은 것들을 새로 시작했다. 나는 올해 상반기만 해도 세 번의 이직을 하며 열심히 나에게 어울리는 자리를 찾아가고 있다. 그리고 20년 넘게 관심 없던 경제에 관심을 가지고 투자를 하고 있고, 그동안 전혀 이해하지 못했던 등산이라는 새로운 취미도 생겼다. 하지만 모두 특별한 일들이 절대 아니다. 이런 내가 내 사소한 이야기를 가지고 첫 개인 저서를 출간한 초보 작가가 된 이유가 무엇인지 지금부터 말해보고자 한다.

나는 어릴 적부터 막연히 책을 쓰고 싶다는 생각을 계속해서 하고 살아왔다. 책에 빠져 살 정도는 아니었다고 솔직히 말하지만, 책을 분명 좋아했다. 그래서 막연히 '내가 책을 쓰게 된다면 어떨까, 언젠가는 꼭 내 이야기의 책을 쓰고 싶다.'라는 생각은 늘 가지고 있었다. 그리고 그 책의 내용은 아마 여행에 관련된 내용이지 않을까 생각했다. 나는 주변에 책을 좋아하는 사람들은 있었지만 늘 독자로서 책을 대했다. 책을 쓰기 전까지는 작가의 삶을 살아가고 있는 분들을 만나 뵐 기회가 거의 없었을 뿐더러 책을 쓴다는 것은 머나먼 후에야 가능하다고 생각했다. 그러니 나에게 책을 쓰는 것은 완전한 미지의 곳이었다. 그러다 보니 책 쓰기에 관한 생각은 항상 가지고 있었지만 늘 언젠가, 나중에, 지금은 아니라는 생각으로 20년이 흘렀다.

그리고 언젠가 가족들과의 술자리에서 각자 하고 싶은 목표에 대해 말하는 시간이 있었다. 평소였다면 쑥스럽다며 말을 하지 않았을 것 같지만 술자리라서였을까. 자연스럽게 이야기가 흘렀고 그중 엄마의 목표가 내 맘을 움직였다. 엄마도 책을 좋아한다. 그리고 엄마는 가끔 재미있게 읽은, 또는 감명 깊었던 책의 내용을 항상 나에게 들려주셨다. 내가 공감을 좋아하고 나누는 이유는 엄마의 영향을 받아서라고 생각한다. 그런 엄마는 앞으로 조금씩 엄마의 인생 이야기를 써보고 싶다고 말을 했다. 이 말은 내게 잊고 있던 책을 쓰는 일, 즉 작가로서의 욕망을 상기시켜주었다. 그리고 나는 그때 조금 더 구체적인 내 책 쓰기에 대한 욕구를 가지게 되었다.

나는 유학을 통해 처음 한 경험들이 많았다. 내가 새롭게 보고 느낀 것들, 그리고 다국적 친구들과 함께한 경험으로 다양한 에피소드를 들려줄 자신이 있었다. 이 이야기들은 소소하지만, 다국적 친구들이 함께 만들어나간 이야기임에 분명 특별했다. 그뿐만 아니라 나는 유학 이야기를 통해 내가 느낀 유학에 대한 새로운 정보를 제공해줄 자신이 있었다. 나도 맨 처음 유학을 결정할 때 정말 많은 정보를 찾기 위해 노력했다. 물론 나 또한 한때 유학원 관계자로 일을 해보면서 많은 유학 관련 글을 쓰고 만들었다. 하지만 나는 물론이고 유학을 준비하는 사람들이 원하고 많은 공감을 줄 수 있는 정보는 바로 유학생이 직접 경험하고 쓴 이야기이다. 그러므로 유학생으로서의 나의 기억과 정보를 나누고 싶다. 그래서 이 책에 내가 느낀 아주 개인적이지만 유용한 유학 '꿀팁'을 넣었다.

하지만 무엇보다 내가 나의 유학 이야기를 쓸 수 있었던 가장 큰 이유
는 바로 내게 너무 소중하고 아름다운 유학에서의 순간들을 글로 영원히
남기고 싶어서이다. (책을 쓴다면 여행과 관련된 책을 쓸 것으로 생각했
던, 어린 내가 너무 신기하다. 나는 성인이 된 내가 이렇게 떠나는 것을
즐기며 많은 경험을 할 수 있을 것을 이미 알고 있었던 것 같다.) 나는 유
학을 통해 많은 것을 배우고 느끼며 변화할 수 있었다. 그리고 그 변화는
모두 나에게 좋은 영향을 주었다.

하지만 나는 처음 내 유학 생활에 관해 책을 쓰기로 했을 때 '이게 얘기
가 될까?' 하고 걱정했었다. 나는 유학생이라고 밝혔을 때 '돈만 주면 다
갈 수 있는 게 유학 아니야?'라는 말을 들은 적이 있다. 요즘 학원이 얼마
나 잘되어 있는데 왜 힘들게 가서 배우냐며 비웃음을 받은 적도 있다. 물
론 언어 실력을 위한 선택이 대부분 유학을 떠나게 되는 가장 큰 목표이
다. 하지만 내가 유학을 통해 가장 말하고 싶은 부분은 새로운 환경 안에
서 내가 좋아하는 것 그리고 나 자신을 깨닫고 나에 대한 자신감을 얻은
내 모습이다. 나는 이런 경험을 통해 달라진 내 삶을 다른 사람들과 함께

나누고 싶었다. 나는 지금 유학을 통해서 현재 중국어 시험의 가장 높은 수준인 HSK6급도 갖고 있고, 중국어를 쓰면서 일을 하고 있다. 또한, 지금 이렇게 유학을 통한 책도 쓰고 있다.

나는 이것을 자랑하기 위해 책을 쓰는 게 아니다. 나는 내가 이렇게 변화할 수 있었던 좋은 기회를 준 유학에 대한 내 경험을 알리고 싶었다. 나의 유학에서의 다양한 에피소드를 통해 느낀 것들을 공유한다는 것. 그것이 내가 처음 유학을 망설이고 두려워했던 것과 같이, 유학에 대한 정보가 필요한 사람들, 그리고 유학을 망설이는 사람들에게 조금이나마 정보를 줄 수 있고 용기와 응원을 주어 그들의 선택에 힘을 실을 수 있다면 나는 내 이야기를 기꺼이 드러낼 용기가 있었다. 그리고 앞으로 더 성공할 내 삶에 이 책이 내 인생의 증거가 되길 바라며 나는 이 책을 쓰고, 쓸 수 있었다. 일과 병행하면서 처음 쓰는 책이라 글을 써간다는 것이 쉽지만은 않았다. 하지만 내가 너무 즐겁고 행복했던 시절을 계속해서 떠올리면서 글을 썼기 때문에 비록 힘들지라도 지치지는 않았다.

03

내가 하고 싶은 것이
자꾸 늘어나는 이유

내 버킷리스트는 과연 몇 개나 될까? 나는 최근 새롭게 나의 버킷리스트를 만들었다. 그리고 적어 내려간 리스트를 보면서 깨달은 것이 있다. 그것은 바로 리스트의 내용들이 모두 내가 듣고 보고 경험한 것들이라는 것이다. 예전의 나라면 생각하지 못했을 다양한, 그리고 상상할 수 없었던 내 버킷리스트를 보면서 나는 앞으로 얼마나 더 많은 것들을 꿈꾸고 이루게 될지 설레고 또 기대된다.

"아는 것이 힘이다." 조금은 생뚱맞게 들릴 수도 있지만 나는 이 말을 버킷리스트에 적어보면서 가장 크게 느꼈다. 내가 예전 버킷리스트를 적을 때 느낀 점은 하고 싶은 것은 많은데 그것을 막상 적으려니 쉽게 써지지 않는다는 것이었다. 나의 경험은 한정적이었기 때문에 내가 생각할 수 있는 범위는 적었다. 그래서 나는 내 버킷리스트를 인터넷 검색을 통해 남들이 적어둔 것을 보고 따라 적었다. 하지만 지금의 내 버킷 리스트에는 오롯이 내 생각으로 만들어진 리스트가 가득 차 있고, 계속해서 늘어가고 있다. 나는 지금 하고 싶은 것이 너무 많은 사람이다.

나는 내가 직접 경험하지 못한 것들이라도 유학을 통해서 만난 수많은 사람들의 경험을 보고 들으며 정보를 얻을 수 있었다. 그리고 그렇게 알게 된 것 중의 하나는 바로 스카이다이빙이다. 나는 필리핀에서 만난 대만 친구 크리스를 통해 스카이다이빙을 자세히 알게 되었다. 스카이다이빙에 대해서 들어본 적은 있지만 나는 스카이다이빙을 체험하려면 전문 자격증과 같이 조건이 있어야만 하는 줄 알았다. 그래서 스카이다이빙에 대해 별생각을 하지 않았던 것 같다.

크리스는 정말 다양한 액티비티를 즐기는 친구였다. 그래서 함께하던 당시 '이번 주말에는 무슨 액티비티를 하면 좋을까?' 같이 고민하고 좋은 것이 있으면 자주 공유를 했다. 그날도 그렇게 자연스럽게 액티비티에 관한 이야기를 하고 있었던 것 같다. 그러다 각자 가장 기억에 남는 체험 이야기까지 넘어가면서 크리스는 자신이 경험했던 스카이다이빙 동영상을 보여주었다. 나는 그 영상을 본 순간 이건 꼭 하고 나서 죽어야겠다고 다짐했다.

나는 최근에 등산이라는 취미를 통해 산이나, 높은 곳에 올라가 보이는 모습의 대한 아름다움을 알게되었다. 나는 평소에는 느끼지 못하는 내가 지내고 있는 곳에 대한 모습을 한눈에 담는 그 순간이 좋다. 그런 나에게 저 높은 하늘에서 자유롭게 떨어지며 보는 더 넓은 그리고 새로운 모습들이 어떨지에 대한 궁금증은 생각만으로도 설레는 일이다. 그렇게 스카이다이빙은 바로 내 버킷리스트에 추가되었다.

이처럼 친구의 경험을 통해 내 버킷리스트에 추가된 또 하나는 항목은 바로 '중국 장가계를 내 눈으로 직접 담기'이다. 유학 동안 열심히 여행을 다녔던 나지만 내가 경험한 여행지들은 대부분이 중국의 도시였다. 특히 나는 중국의 산을 한 번도 구경을 해보지 못했다. 당시 내가 지내던 지역에서는 주변에 산이 없었다. 그뿐만 아니라 중국에서 아무리 유명한 관광지인 산이라고 해도 대부분이 개인적으로 가기에는 교통이 편리하지 않았다. 또한, 그때만 해도 등산을 안 좋아했던 나였기에 굳이 어렵게 산을 찾아가고 싶은 마음이 없었다. 그런데 각자 다녀온 중국 여행지를 같이 얘기하던 친구들이 입을 모아 추천하는 곳은 바로 장가계였다.

특히 내 일본 친구가 자기가 중국 여행에서 가장 좋았던 곳이라며 거기(장가계)는 꼭 가보라고 열정적으로 추천하던 모습이 아직도 떠오른다. 그리고 그 친구가 직접 찍어온 사진으로 본 장가계는 정말 입이 딱 벌어지는 장관을 뽐내고 있었다. 내가 한 번도 경험하지 못한 푸른색의 웅장함은 나의 버킷리스트에 '중국 장가계를 내 눈으로 직접 담기'를 바로 추가하게 했다.

그리고 나의 또 다른 버킷리스트 중 하나는 바로 필리핀 보홀에서 스쿠버 다이빙을 하는 것이다. 내 필리핀 친구들이 알려준 얘기로는 세계적으로 유명한 보라카이 세부보다 보홀의 바닷속이 제일 아름답다고 한다.

나도 보홀을 필리핀 유학했을 당시 여행으로 다녀온 적이 있다. 하지만 그때는 내 필리핀 유학의 초반이었고 나는 아직 물에 대한 공포감이 강했다. 그래서 나는 보홀에 갔지만, 그 아름답다는 보홀의 바다를 하나도 경험하지 못했다. 아마 페리에서 본, 그리고 저녁을 먹으러 간 오션뷰 식당에서 바라본 바다가 보홀 바다의 전부였던 것 같다. 나는 보라카이에서 스쿠버 다이빙을 통해 보라카이의 바닷속을 걸어본 적이 있다. 물을 무서워해 처음 스노클링 체험 때 물에 얼굴만 들어가면 숨도 못 쉬던 나였는데, 나중에는 산소통을 메고 바닷속 저 깊은 곳으로 들어가 바다의 밑바닥을 걸어 다니다니!

나는 유학을 통해 정말이지 참 많이 바뀌었다. 스노클링 때와는 다른 더 깊은 바닷속을 경험해본 나로서는 보라카이에서도 물론 좋았지만 경험하고 나니 친구들이 극찬한 보홀의 바닷속이 더욱더 궁금해졌다. 그래서 물에 대한 두려움을 없애고 더 많이 다양한 체험을 할 수 있는 시간이 짧았던 게 지금도 조금 아쉽다. 그렇게 나는 꼭 필리핀 보홀에 다시 가서 스쿠버다이빙을 하겠다는 버킷리스트가 생겼다.

나의 버킷리스트가 늘어날 수 있었던 이유는 이렇게 직간접적으로 더 많은 것들을 알고 경험하게 되면서이다. 그리고 바로 이전에는 두려워서 생각하지 못했던 것들이 이제는 더는 두렵지 않아졌기 때문이다. 내 버킷리스트 중에는 책 쓰기가 있었다. 그리고 나는 이미 그 버킷리스트의 하나를 이뤄냈다. 벌써 막연하게 꿈꾸던 소망을 이뤄낸 것이다.

　그래서 나는 다음에 내가 이뤄낼 나의 버킷리스트가 더 기대된다. 나의 버킷리스트는 내가 성공을 더 열망하게 하는 좋은 기폭제이다. 간절히 바라는 것들이 많아짐에 따라 나는 더 많은 버킷리스트를 써 내려가고, 그 리스트를 하나씩 이뤄내면서 나는 지금 누구보다 재밌고 행복하게 살고 있다.

04

내가 주기적으로
떠나는 이유

'떠나다'라는 단어의 사전적 의미는 크게 세 가지가 있다. 그리고 나는 그 세 가지의 떠남을 통해 내가 주기적으로 떠나는 이유를 설명해보고자 한다. 나에게 '떠나다'라는 말은 가장 먼저 있던 곳에서 다른 곳으로 옮긴다는 의미이다. 나는 그러한 뜻의 '떠나다'를 유학을 통해 경험했다.

나는 유학을 통해서 새로운 환경과 분위기를 마주함으로써 많이 달라졌다. 새로운 환경이 주는 에너지는 당시 내가 가지고 있던 고민과 문제들을 너무나도 쉽게 해결해 줬을 뿐만 아니라 내가 알지 못했던 많은 즐거움과 배움을 주었다. 그리고 나는 떠나는 즐거움을 알게 되었다.

나는 작년에 중국 유학원에서 일하고 있었다. 하지만 입사 후 일을 본격적으로 배워나가려는 시기에 코로나가 터졌다. 중국으로 학생들을 보내는 일을 하던 나의 업무는 코로나의 영향으로 직격탄을 맞았고, 한순간에 내가 할 수 있는 일이 없어졌다. 그런 나를 배려해준 회사의 제안으로 복직을 약속받고 6개월간의 휴직을 하게 되었다. 휴직 기간 동안 가끔씩 맡고 있던 업무를 간단히 처리하기도 했지만 그마저도 상황이 심각해짐에 따라 점점 줄었다. 그러다 보니 나는 그때 정말 남는 게 시간이라 말할 정도로 여유로운 시간을 보냈다. 그래서 그동안 미루고 미뤄뒀던 운전면허증도 따고, HSK 6급 시험도 준비하면서 시간을 보내고 있었다. 그동안 미뤄뒀던 일들을 어느 정도 하고 나니 나에게는 두 달 정도의 시간이 남았다.

처음 6개월 휴직을 제안 받았을 때의 마음과 달리, 두 달이 남은 그 시점 나는 슬럼프에 빠져 있었다. 네 달 동안 집에서만 주로 지내다 보니 답답함이 점점 쌓여갔다. 휴가를 보내는 동안 나는 주로 집에 있었다. 그리고 당시 나는 매일 출근하는 가족들을 보고 있었다. 친구들 대부분도 출근하거나, 학교에 다니고 있어서 나만 아무것도 안 하고 있다는 생각이 시간이 지나면 지날수록 나를 점점 더 조급하게 만들었다. 그리고 나를 가장 예민하게 만들었던 건 여전히 좋아질 기미가 보이지 않는 코로나 상황이었다. '내가 좋아하는 유학원 일을 다시 할 수 있을까?' 하는 생각은 다시 불투명한 취업에 대한 부담감을 키웠고 나는 조금씩 불안해졌다. 하지만 당시 그 상황은 내가 바꿀 수 있는 것이 아니었다.

내가 어려움을 마주했을 때 가장 먼저 그 문제를 해결하기 위해 하는 행동은 나를 바꾸는 것이다. 내가 가진 고민과 문제에 대해 정답을 계속해서 생각하지만 쉽게 답이 나오지 않을 때가 있다. 그때 나는 나를 바꾸기 위해 움직인다. 나를 바꾸는 것, 내가 지금까지 살아오며 만든 나의 성격과 습관을 바꾸는 일은 쉽지 않다. 그래서 나는 가장 단기간에, 그리고 나를 가장 쉽게 바꿀 수 있는 내가 있는 지금의 환경을 바꾼다. 그리고 환경을 바꿔 새로운 관점으로 그 문제를 바라본다.

나는 당시 두 달의 휴가가 남았고 시간적으로도 여유가 있었다. 그래서 나는 나를 바꾸기 위해 그 당시 내가 갈 수 있는 가장 먼 곳인 제주로 떠났다. 나는 제주에서 두 달 동안 지내면서 수많은 사람을 만났다. 제주에 단기 여행으로 오신 여행자분들은 물론이고 특히 퇴사를 하고 한 달, 두 달 제주살이를 하러 오신 분들을 많이 만날 수 있었다. 시기가 시기인

만큼 나처럼 어쩔 수 없이 일이 중단되신 분들도 있고, 자신이 직접 퇴사를 한 사람들도 있지만 어쨌든 그들은 모두 여행을 통해 자신이 가지고 있는 고민과 문제에 대한 새로운 정답을 찾으러 온 사람들이었다. 그리고 그들의 각자의 상황과 어려움을 듣다 보니 사실 내 상황은 이렇게 초조해하고 걱정할 정도로 최악의 상황이 아니었다. 그렇게 그러한 상황에서도 꿋꿋하게 앞으로 가는 그들의 이야기를 들으면서 나는 조급한 마음에 대한 불안감을 덜어내고 에너지를 되찾을 수 있게 되었다.

두 번째 '떠나다'라는 말이 주는 의미는 바로 '다른 곳이나 사람에게 옮겨 가려고, 있던 곳이나 사람들한테서 벗어나다'이다. '내 주변 사람들의 평균은 나다.'라는 말이 있을 정도로 사람들이 자신과 비슷한 사람들을 찾는다는 말은 어느 정도 일리가 있다. 그리고 나는 그 말을 유학을 통해 달라진 삶을 살아가면서 많이 떠올리게 되었다. 유학을 떠나기 전 내 친구들은 동네 친구들, 학창 시절을 같이 한 친구들이 전부였다. 그러나 지금 나와 자주 연락하는 사람들은 대부분 유학을 통해 만난 사람들이다. 물론 학창 시절을 함께한 친구들과의 관계가 달라진 것도 아니고, 연락의 빈도가 관계를 나타낸다는 것도 아니다. 그저 내가 좋아하는 그리고 잘 알고 있는 분야를 같이 경험했고 공감했던 사람들이기에 아무래도 내 상황과 고민에 관한 이야기를 나눌 때는 유학에서 만난 친구들을 더 찾게 되는 것 같다. 그리고 나는 앞으로의 내 주변 사람들이 어떠한 사람들일지에 관해 생각해봤을 때 분명 또 다른 새로운 사람들이 등장할 것이라고 믿는다. 또 다른 내가 관심 있는 분야에서의 새로운 사람을 만나게 될 그때가 기대 된다. 나는 그렇게 끊임없이 '떠나다'의 의미를 점점 이해하고 실행하고 있다.

마지막 세 번째 '떠나다'라는 말의 의미는 '어떤 일이나 사람들과 관계를 끊거나 관련이 없는 상태가 되다'이다. 나는 선택을 빨리 하는 편이다. 그리고 선택에 대한 실행력도 빠른 편이다. 원체 급한 성격이기도 하지만, 유학을 통해 얻은 도전에 대한 용기가 더욱더 내 선택에 대한 속도를 키웠다고 말한다. 내가 생각하기에 가장 안타까운 것은, 지금 내 상황, 모습에 대한 불만이 너무도 많지만, 지금의 안정을 잃는 것, 그리고 새로운 도전이 두려워 그것을 벗어나지 못하는 모습이라고 생각한다. 나는 직장을 두 달 만에 그만둔 경험이 있다. 내가 맡은 업무는 끊임없이 중국어를 사용할 수 있을 뿐만 아니라 내가 열심히 한 만큼 나의 노력을 인정받을 수 있는 업무였기에 나는 업무에 대한 만족도가 높았다. 그러나 내가 두 달 만에 이직을 결심하고 바로 실행한 이유는 나는 이곳에서 내가 아무리 이 업무가 좋아도, 내 역량을 다 쓸 만큼의 열정을 쏟을 수 없다는 것을 알고있었기 때문이다. 그리고 나는 함께하면서 같이 시너지를 내고 더 발전할 수 있는 자리가 세상에 너무 많다는 것을 알고 있다. 물론 그것을 찾기가 쉽다고는 할 수 없지만 나는 내가 그러한 환경을 찾을 수 있다고 확신한다. 그래서 나는 바꿀 수 없다면 과감하게 떠날 수 있는 사람이 될 수 있었다. 결국, 자신의 삶에 대한 선택은 자신의 몫이라는 말에 나는 정말 공감한다. 그래서 나는 주기적으로 그리고 평생을 떠나며 지낼 것이다.

05

나는 유학으로
더 넓은 세상을 만났다

나는 유학을 종합선물세트라고 표현하고 싶다. 어릴 적 내가 가장 좋아했던 선물은 과자 종합선물세트였다. 지금은 잘 보이지 않지만 내가 어릴 때만 해도 가벼운 집들이 선물은 과자 선물세트였다. 나는 그래서 우리 집에 누가 온다고 하면 누가 오는지보다 '어떤 과자 세트를 가지고 오실까?'가 더 궁금했다. 그리고 과자 종합선물세트의 화려한 포장을 뜯어보며 '내가 좋아하는 과자들이 상자 안에 담겨 있을까?' 하고 기대하던 그 순간은 매번 설렘이 가득했다. 하지만 과자 상자에는 매번 당시 유명하고 인기 있는 과자들만 들어 있는 것이 아니다. 그중에는 먹어보지 않았지만 먹고 싶지 않았던 과자, 그리고 내가 모르던 과자들도 있다. 나는 외동이 아니기 때문에 혼자 그 많은 과자를 독차지할 수 없었다. 그래서 늘 과자들을 다 꺼내두고 오빠와 각자 좋아하는 과자들을 나눠 가졌다. 하나씩 순위를 나누고 선택을 하면서 나는 내가 어떤 과자들을 더 좋아하는지 알 수 있었다. 그리고 나누다 보면 내가 별로 좋아하지 않는 과자들을 얻게 되는 때도 있었다. 이때 어쩔 수 없이 얻게 된 과자지만 그 이후 새롭게 좋아지는 경우도 있었다. 이러한 경험들은 유학에서 얻는 경험들과 참 많이 닮아 있다.

나는 20대에 유학으로 다시 한 번 과자 선물세트를 선물 받았다. 나는 유학으로 다양하고 특별한 추억들을 얻었다. 그리고 그 안에서 누구보다 많은 설렘과 기쁨, 행복과 같은 긍정적인 기분을 많이 느낄 수 있었다. 하지만 모든 유학에서의 순간이 즐거웠던 것은 아니었다. 처음 유학을 결정하고 떠나기까지만 해도 나는 많은 고민과 두려움을 겪었다. 그 안에는 내가 피할 수 없는 도전들을 마주해야 하는 부담감도 분명 있었고, 내가 모르는, 익숙하지 않은 것에 대해 적응하면서 얻는 어려움도 존재했다. 하지만 나는 다양한 사람들, 장소, 분위기, 그리고 그 안에서 겪은 이야기들을 통해 새롭게 그리고 다시 깨달은 부분들이 있었다. 그러면서 내가 좋아하는 것은 뭔지, 내가 잘하는 것은 뭔지 나에 대해서 제대로 알 수 있게 되었다. 그리고 그런 유학 생활 경험은 지금도 떠올리면 여전히 설레는 내 너무 소중하고 아름다운 기억들이다.

　그리고 유학이라는 선물세트에 너무 멋진 그리고 다양한 이야기들을 담아준, 내가 만난 수많은 사람에 관해 이야기를 해보려고 한다. 내가 언제 다시 그런 사람들과 한자리에서 장난치며 술 한잔을 할 수 있을까 하는 생각이 들 정도로 나는 정말 다양한 나라의, 다양한 직업들을 가진, 그리고 또 다양한 생각들을 가진 사람들을 만났다. 나는 유학을 통해 새로운 국가들도 많이 알게 되었고, 익숙한 국가이더라도 새로운 문화적 특징을 느끼며 그 나라를 더 깊고 자세히 알게 되었다. 또한, 의사, 선생님, 약사, 엔지니어, 호텔리어, 여행 가이드, 축구 선수, 맥주 개발자, 사업가, 소방관, 경찰(더 기억이 안 나서 아쉬울 따름이다.)과 같은 다양한 환경과 능력들을 갖춘 많은 사람을 만날 수 있었다. 만약 내가 그들을 그 자리에서 친구로서가 아닌 사회에서 만났다면 그렇게 많은 이야기를 나누고 공감할 수 있었을까 하는 생각이 든다. 나는 그들의 경험에 관한 이야기를 듣고 많은 것들을 배우고 느낄 수 있었다. 그들이 가지고 있는 당연한 생각이 나에게는 큰 힘과 용기가 될 수 있다는 사실을 깨달았고 나 또한 누군가에게 그런 선한 영향력을 줄 수 있는 사람이 되고 싶다는 목표가 생겼다. 그리고 그 목표를 이루기 위한 기회를 만들기 위해 노력하고 있다. 이 책 또한 그런 기회 중의 하나가 될 수 있음에 감사하다. 이 책에서 못 담은 사람들이 더 많음에 아쉽지만 그래도 이렇게나마 당시 아무것도 모르던 나를 잘 챙겨주고 응원해주고 나에게 좋은 추억들을 만들어준 각국의 모든 친구에게 감사함을 전하고 싶다.

내가 이 책의 원고를 쓰면서 가장 많이 사용한 표현은 '다양한', '수많은'과 같은 많음을 강조하는 표현이다. 실제 내가 유학을 통해 가장 크게 느낀 부분이기도 할 뿐더러, 내가 가장 강조해서 전달하고 싶은 부분이기 때문이다. 나는 유학으로 더 넓은 세상을 만났다. 그리고 나는 이제 세상이 내가 보고 느끼는 것보다 더 크고 넓고 다양하며, 그 안에는 무궁무진한 의미가 담겨 있다는 것을 안다. 나는 이렇게 더 넓은 세상을 만나면서 느낀 자유에 대한 열망을 가지게 되었다. 그리고 나는 그 열망을 가지고 지금 더 좋은 방향으로 변화하고 있다.

서론이 좀 장황했지만 결국 이 모든 것들을 이야기하면서 내가 하고자 하는 말은, 나는 그래서 유학을 추천한다는 것이다. 유학은 언어의 목적으로서도 분명 굉장한 수확이 있다고 확신한다. 하지만 나는 그보다 더 중요한 것은 유학을 통해 내 삶의 변화는 시작되었고, 그 변화를 통해 나는 내가 꿈꾸는 삶을 만들어가고 있다고 자신 있게 말할 수 있다는 점이다. 그러니 지금 당장 더 넓은 세상을 찾아가길 바란다. 더 높고 넓은 세상을 구경해본 사람은 뒤로 가지 않는다.

전 유학생이자
전 유학원 직원이
알려주는 유학 꿀팁!

(사실을 그대로 전달하는 것이 아닌 제가 느낀 주관적 의견을
담아 공유하는 것이므로 참고용으로만 생각해주세요.)

1. 중국 유학의 모든 것

중국 유학은 크게 본과생과 어학연수생으로 나눌 수 있습니다! 본과생은 사실 필요한 서류도 훨씬 많고, 각종 입학시험 요청사항 등이 어학연수생의 배로 많아 유학원을 통해 입학 수속을 밟는 것이 일반적입니다. 사실 본과 과정은 저도 경험해본 적이 없고, 유학원에서 일하면서도 본과생을 담당해보지 않아서 어학연수 위주로 팁을 드리고자 합니다.

1) 유학원 꼭 선택해야 하나요?

저의 대답은 X입니다! 물론 여기에는 조건이 있습니다. 어느 정도 중국어로 소통할 수 있고(여기서 어느 정도란 '어느 날 어디서 어떠한 것을 준비해와라'라는 말을 문제없이 이해할 수 있는 수준입니다.) 그 학교에서 입학 수속을 해본 경험이 있는 사람입니다. 이러면 굳이 유학원을 통해 수속을 하실 필요가 없다고 생각합니다! 물론 유학원을 통해 수속을 밟는 것보단 번거로운 부분이 분명 있겠지만, 혼자 수속을 경험한 친구들이 '큰 어려움은 없었다'고 이야기해주었습니다. 참고로 저는 정확한 정보를 전달받는 것이 최우선이었기에 모든 유학을 다 유학원을 통해 다녀왔습니다.

처음 유학을 경험해보시는 분들이라면 중국어로 문제없이 소통하더라도 유학원을 통해 수속을 밟는 것을 추천합니다. 소통의 문제는 나중이고, 대부분 수속 과정에 있어서 중국의 일 처리는 한국만큼 빠르고 친절하지 않기 때문입니다. (비하가 아닙니다. 제가 솔직하게 느낀 점을 공유해드립니다.) 어학연수라도 필요한 서류들과 전달받아야 할 공지사항의 양은 분명 적은 양이 아닙니다. 이 많은 것들을 오로지 연락만으로 하나부터 열까지 다 확인하고 체크해야 하는데 이 부분에서 소통과 전달의 오류가 생각보다 많이 생깁니다.

2) 좋은 유학원은 어떻게 고르나요?

유학원은 어찌 됐든 사람과 사람의 소통을 통해 관계가 이뤄지는 곳입니다. 그러다 보니 사실 이 부분은 사람마다 느끼는 것이 다를 수 있습니다. 저는 세 번의 유학 모두 유학원에서 제공하는 서비스에 굉장히 만족하며 돌아올 수 있었습니다. 그런 저의 유학원을 선택했던 세 가지 기준을 말씀드리겠습니다.

① 답변이 일관적으로 빠르게 오는 곳

유학을 떠나게 되면 유학원이랑 소통하는 방법은 SNS를 통한 연락이 전부입니다. 그래서 저는 답변이 빠르게 그리고 일관적으로 오는 유학원을 선택하는 것을 추천해드립니다!

② 적어도 세 번 이상 연락을 했을 때 나를 기억해주는 곳

규모가 어느 정도 있는 유학원 같은 경우에는 한 학기에 한 학교만 해도 50명 정도의 수속생이 있습니다. 메인 학교가 세 곳이라고만 해도 150명 정도의 수속생을 관리하는데, 이 사람들을 다 기억하기는 쉽지 않습니다. 그리고 기억을 한다면 그만큼 학생들을 생각하고 챙길 수 있는 곳이라고 저는 생각합니다.

③ 상담을 받을 때 느낌이 좋은 곳

이 부분은 말로 설명하기가 굉장히 모호하지만 정말 중요한 부분입니다. 최소 한 학기, 본과생 같은 경우는 4년 동안 내가 문제를 마주했을 때 가장 먼저 도움을 요청할 수 있는 곳은 담당 유학원입니다. 그러므로 내가 편하게 언제든지 믿고 찾을 수 있다는 느낌을 받는 곳으로 유학원을 선정하는 것을 추천해드립니다! 그리고 만약 학교가 먼저 정해진 경우 유학원을 선택할 때의 팁을 드리자면, 그 학교에 가장 유학생을 많이 보내는 유학원을 선택하는 것을 추천해드립니다. 아무래도 그 학교에 수속생을 가장 많이 보내는 유학원이 그 학교에 대한 다양한 케이스들을 많이 겪고, 지속해서 학교와 소통을 하고 있기 때문입니다. 그러므로 더 많은 정보를 빠르게 전달받을 수 있습니다. 또한, 학교에 건의사항이 있을 때 혹은 문제가 생길 때 빠르게 피드백을 받기 쉬운 점도 있습니다. 한마디로 그 학교에 대한 영향력이 많다고 생각하시면 될 거 같습니다. 그래서 가고자 하는 학교가 정해져 있다면 그 학교에 학생을 제일 많이 보내는 유학원을 선택하는 것을 추천해드립니다.

3) 지역과 학교는 어떻게 고를까요?

일단 저의 중국 유학의 경험을 말씀드리면 저는 중국에서 약 1년 동안

2개 학기를 보냈습니다. 첫 번째 3월 학기는 북쪽, 그리고 다음 9월 학기는 남쪽에서 경험했고 그 두 학기의 비교를 통해 지역과 학교를 고르는 법을 설명해보고자 합니다. 어떠한 사항도 정한 것이 없을 때는 지역 → 학교 순으로 선택하는 것이 정하기 쉽습니다.

① 지역을 선택할 때는 날씨 /물가/번화가를 고려하기!

– 날씨

확실히 북쪽이 더 춥습니다. 중국은 대부분의 실내 난방이 중앙난방 시스템으로 이루어져 있습니다. 특히 냉방보다는 난방 같은 경우가 더 많은 위험이 있어 내 맘대로 틀기가 쉽지 않습니다. 그러므로 겨울학기는 북쪽으로 갈수록 난방 트는 시기가 빨라 실내에서 좀 더 따뜻하게 지낼 수 있습니다! 하지만 밖은 더 춥다는 점! 잘 판단해서 선택하시길 바랍니다.

– 물가/번화가

지역에 따라 그리고 번화가의 유무에 따라 물가가 생각보다 차이가 큽니다. 상해, 북경 등의 대도시는 서울의 물가와 거의 차이가 없을 정도입니다. 특히 기숙사 비용도 지역 물가에 따라 차이가 크게 나기 때문에 정해진 예산이 있다면 이 부분을 잘 확인하셔야 합니다.

② 학교를 선택할 때는 학교의 위치/학교 환경/커리큘럼/유학생 비율 고려하기

– 학교의 위치

학교의 위치는 공항과 역 등이 가까운지, 교통편이 좋은지 등의 요소들을 생각하고 판단해야 합니다. 교통편은 특히나 생활하는 데 매우 많은 부분을 차지합니다. 또한, 개별적으로 가시는 분들이라면 큰 캐리어를 들고 이동하기가 생각보다 매우 힘들다는 것을 참고하시길 바랍니다!

– 학교의 환경

교내 환경은 교실, 구내식당, 부대시설들보다는 기숙사 환경을 가장 잘 확인하셔야 합니다! 개인 화장실, 1인실, 엘리베이터의 유무 등과 더불어 학교마다 기숙사 비용도 차이가 크니 자신의 기준에 맞는 조건을 잘 비교하시길 바랍니다.

– 커리큘럼

제가 처음 유학을 떠날 때 저는 이 커리큘럼 부분을 가장 간과했습니다, 하지만 유학을 경험해보니 커리큘럼의 중요성이 얼마나 큰지 느꼈습니다. 반의 수는 커리큘럼을 가장 잘 나타내주는 지표입니다. 즉 어학연

수 과정에서 반의 수가 많다는 것은, 그만큼 과정의 세분화가 잘되어 있다는 것을 뜻합니다. 수준별로 좀 더 체계적인 수업을 받을 수 있고, 그에 따른 다양한 선생님들이 많이 있다는 것을 뜻합니다.

개인적으로 저는 1년 이상 유학을 준비하시는 분들이라면 첫 학기에는 커리큘럼을 우선 조건에 두고 학교를 선택하는 것을 추천해드립니다. 처음 유학을 떠나시는 분들이라면 처음에는 수업을 알아듣기조차 쉽지 않을 것입니다. 그때 얼마나 자세히 학생들의 수준에 맞춰 수업 진행이 가능한지가 중국어 공부에 대한 흥미를 얻는 데 영향이 크다고 생각합니다! 물론 가장 중요한 것은 자신의 수업 태도와 출석률입니다.

- 한국인 비율

유학원에서 일할 때 상담을 받으러 오시는 유학생들이 가장 먼저 물어보시는 것 중 하나가 한국인 비율이라는 것을 느꼈습니다. 한국인들이 적은 환경을 원하시는 분들은 한국 친구들을 굳이 거기서 사귈 필요가 있겠냐는 생각을 하고 있다는 것을 느꼈습니다. 하지만 저는 굳이 한국인들을 피할 필요는 없다고 생각합니다. 제일 중요한 점은 유학을 통해 한국 친구들과는 물론이고 마주하는 모든 친구와 교류하고 소통하는 것이라고 생각합니다.

4) 한국인이 많은 환경에 대한 장단점이 있을까요?

① 장점

– 다양한 교내 활동에 대한 정보가 가장 빠르고 많이 오간다. (빨리빨리의 민족을 이길 수 없다.)

– 한국인 유학생들끼리의 나눔을 통해 생필품 등을 쉽게 중고로 구할 수 있다.

– 첫 중국 생활일 경우 유학하는 동안 겪게 될지도 모를 생활의 어려움이 있을 때 도움을 받기가 쉽다.

② 단점

– 한국인들끼리만 어울려 다니게 되기 쉬워 다양한 친구들을 사귈 기회가 줄어들 수 있다.

– 나는 분명 중국에 있지만 여기저기서 한국어가 많이 들린다.

– 한국인이어서 받는 환대의 기회가 적어진다.

5) 유학생 비율에 따른 특징이 있을까요?

★ 각국의 유학생들이 많은 곳

  = 한국인도 많은 곳 = 커리큘럼이 좋은 곳

★ 각국 유학생들의 규모가 작은 곳

= 한국인 유학생이 제일 많은 곳 = 커리큘럼 부실할 확률이 높은 곳

= 외국인, 즉 내가 갔을 때 중국인 친구들에게 환영받기 좋은 곳

여기서 포인트는 유학생 비율 중에는 대부분, 한국인들의 비율이 높다는 것입니다. 그러므로 내용을 참고하셔서 자신이 중요하게 생각하는 부분에 무게를 두고 학교를 선택하시면 됩니다.

2. 필리핀 유학의 모든 것

필리핀 유학 때는 중국 유학과 다르게 일을 하면서 유학을 준비했기 때문에 여유 있는 시간 동안 많은 정보를 얻고 결정할 수 있는 상황이 아니었습니다. 그래서 필리핀 유학에 대해서는 유학을 한 후 비슷한 조건의 친구들과 비교를 했을 때의 느낀 점을 공유하고자 합니다.

중국 유학은 정부 정책의 영향도 있고 유학 기간이 학기별로 진행되어서 특히나 수업료 부분에서는 차이가 크게 없다고 느꼈습니다. 하지만 필리핀은 주, 월별로 수업 기간을 정할 수 있고 수업 코스도 천차만별이

라 비교하기가 어렵습니다. 그래서인지 비슷한 조건이라도 각 유학원의 차이가 크게 난다고 느꼈습니다. 그래서 필리핀 유학을 준비하시는 분들이라면 '발품 팔아서 비교하는 게 답이다.'라고 말씀드리고 싶습니다!

3. 유학 짐 싸기 꿀팁

– 피부가 예민하거나 수압에 민감하다면 필터 샤워기 챙기기

– 옷을 많이 들고 가지 말기(특히 중국은 타오바오로 옷 사기가 편리해 옷이 늘어날 경우가 많음)

– 필리핀에서 얇은 긴 팔은 필수 (더운 나라라서 생각보다 더 냉방 시설이 잘되어 있음)

– VPN(한국 앱을 사용할 수 있게 도와주는 어플)은 한국에서 미리 여러 개 다운 받아두기

더 궁금한 점은 작가 이메일 dkssud640@naver.com로 연락해주시면 최대한 답변드리겠습니다! 모두 성공적인 유학을 통해 더 넓은 세상을 만나길 응원합니다!